Écrans et familles

W0390041

Actualité des savoirs

Collection dirigée par
François Viangalli

La collection « Actualité des savoirs » a pour ambition d'offrir, à travers des ouvrages courts, une présentation à destination du grand public et de tout esprit curieux de l'état de la science sur une question précise. Les textes sont écrits par des spécialistes du sujet abordé, tous chercheurs reconnus, s'efforçant de rendre intelligibles les connaissances tirées de la recherche la plus récente, et de les situer dans le débat contemporain sous une perspective plus large. À la fois précis, fiables et compréhensibles par le non-initié, les titres de cette collection participent de l'effort de partage des connaissances, aussi bien entre chercheurs qu'avec le grand public.

Écrans et familles

parentalité
attachement
psychologie du développement

Marie Danet

UGA Éditions
Université Grenoble Alpes
2025

Dans la même collection :

Guide de communication interstellaire
Astrolinguistique, exploration spatiale, science-fiction
Frédéric Landragin, 2024

Croyez-vous aux théories du complot ?
Psychologie sociale, croyances, conspirationnisme
Anthony Lantian, 2e édition, 2024

L'intelligence, ça s'apprend ?
Tests, HPI, inégalités
Sébastien Goudeau et Marie Duru-Bellat, 2024

Action sociale et empowerment
Développement, pouvoir d'agir, changement
Bernard Vallerie, 2e édition, 2024

Le management juste
Sentiments de justice, engagement, bien-être
Thierry Nadisic, 2e édition, 2024

Pourquoi un leader doit être exemplaire
Engagement, coopération, exigence
Tessa Melkonian, 2e édition, 2024

Cet ouvrage a été publié avec le soutien
du programme IDEX Université Grenoble Alpes.

© UGA Éditions – 2025

Université Grenoble Alpes
CS 40700
38058 Grenoble cedex 9

ISBN 978-2-37747-517-9
ISSN 2649-4167
Dépôt légal : mars 2025

À Nora, Nael et Manal

Introduction

Depuis que leur utilisation s'est généralisée, les outils numériques ont profondément transformé la vie quotidienne, domestique et familiale.

En 2022, l'INSEE rapportait ainsi que 92,5 % des familles en France avaient accès à Internet (contre 87 % en 2018), soulignant la généralisation de la connectivité au sein des foyers. Cette tendance s'est accompagnée d'une forte adoption des outils numériques, avec 89 % des familles possédant au moins un ordinateur ou une tablette. Le principal outil numérique est, à ce jour, le smartphone (« téléphone intelligent » ou téléphone connecté). Sa possession est devenue particulièrement répandue, avec des taux variant en fonction des tranches d'âge. À titre d'exemple, 46 % des enfants de 6-10 ans sont déjà équipés d'un smartphone[1] et ce chiffre grimpe à 90 % chez les jeunes de 12 à 17 ans (Baromètre du numérique 2022). Cette proportion augmente chez les 18-24 ans (97 %)

et les 25-39 ans (97 %). Pour les 40-59 ans, le taux d'équipement est de 95 %.

Les enfants en bas âge vivent également cette révolution numérique, bien que de manière variable selon leur âge. De 2013 à 2014, une étude INSERM de grande envergure (cohorte Elfe ; enfants nés en France en 2011) a interrogé les parents, entre autres, sur le type et le temps passé devant un ou plusieurs écrans par leurs enfants de 2 ans, 3 ans et demi et 5 ans et demi[2]. Les données montrent que les enfants de 2 ans regardaient, parmi les quatre types d'écrans étudiés – télévision, tablette, smartphone et console de jeu vidéo – préférentiellement la télévision ; et ce, tous les jours (48 minutes en moyenne). La proportion diminue avec l'âge (86 % à 2 ans et 64 % à 5 ans mais avec une fréquence plus élevée) à mesure que les enfants s'initient à d'autres types d'écrans à partir de 3 ans et demi[2,3]. Seuls 13,5 % étaient complètement exempts d'exposition aux écrans, en accord avec les recommandations nationales[3,4]. Les données plus récentes d'une enquête publiée par l'institut Ipsos en 2022[5] ont montré que les choses ont depuis lors évolué. Même si la télévision reste l'écran principal des 0-2 ans, avec un usage moyen journalier de 1h22, les enfants de cet âge passent en moyenne 44 minutes par jour devant un smartphone et 34 minutes devant une tablette. À mesure qu'ils grandissent, leur utilisation des écrans augmente et les usages deviennent plus solitaires, avec un tournant se situant vers de l'âge de 9-10 ans, période correspondant pour beaucoup à l'acquisition du premier téléphone. Parmi les enfants de plus de 6 ans, 50 % des 6-10 ans passeraient 3 heures ou plus par jour devant un écran, tandis que ce pourcentage grimperait à 70 % chez les 11-14 ans. Chez les adolescents de 15-17 ans, les données de l'enquête Esteban (réalisée sur 2014-2016) faisaient état d'une différence fille/garçon, avec 71 % des filles et 87 % des garçons utilisant un écran 3 heures ou plus par jour[6]. Les adultes ne sont pas en reste puisqu'ils passent en moyenne 4 heures par jour sur leur smartphone (voire plus selon les études), outil numérique préféré devant l'ordinateur ou la tablette.

Ces données ne font que confirmer l'importance croissante et précoce des écrans dans la vie quotidienne des individus, ce qui appelle à une réflexion sur leur place dans les relations parent-enfant et leurs effets sur le développement socio-émotionnel de l'enfant aux différentes étapes de son développement, de la naissance à l'adolescence. La prégnance de ces outils a fait même apparaître un nouvel aspect de la parentalité : la parentalité numérique.

Cette parentalité numérique renvoie à la façon dont les parents éduquent et accompagnent leurs enfants dans l'usage des technologies numériques. Elle vise à équilibrer l'accès aux technologies numériques en prenant en compte des aspects tels que la sécurité en ligne, l'éducation aux médias, la gestion du temps d'écran, la gestion des contenus et des contextes d'usages, et conduit idéalement à la promotion d'une utilisation raisonnée de ces outils. La parentalité numérique peut être influencée par les messages véhiculés dans les médias – par exemple la « panique morale » et les mythes[7] liés aux écrans dont la presse peut se faire écho – mais aussi par les représentations parentales relatives aux outils numériques, lesquelles varient en fonction des pays et des cultures. Un bon exemple de cette variation culturelle est la catégorisation des films qui permet aux parents de savoir si un film est adapté aux enfants, en fonction de leur âge. Contrairement à ce que l'on pourrait penser, cette classification varie beaucoup d'un pays à l'autre. Un film d'action qui comporte des scènes intenses et violentes pourra être classé comme interdit aux moins de 18 ans au Royaume-Uni, tandis que le même film sera classé comme interdit aux moins de 12 ans en France et pourra donc être visionné par des mineurs. Cet aspect culturel existe aussi pour les craintes associées aux usages des outils numériques et peut conduire les parents à être plus ou moins restrictifs par rapport aux usages de leurs enfants[8]. Dans une étude que nous avons pu réaliser auprès de parents d'enfants d'âge scolaire[9], nous avons exploré les préoccupations parentales liées aux outils numériques. L'usage des outils numériques par l'enfant était source d'inquiétude pour plus de la moitié des parents en ce qui concerne le développement cognitif, le sommeil et le risque de cyberharcèlement, et source d'interrogation pour près des deux tiers des parents interrogés, pour ce qui a trait à la gestion du temps et du contenu. Une proportion similaire de parents considérait que les écrans pouvaient affecter, positivement ou négativement, leur relation avec leur enfant. Enfin, la parentalité numérique se manifeste par la place accordée aux outils numériques au sein de la famille, leur incidence sur les interactions personnelles, et le possible recours aux outils numériques comme des « auxiliaires d'éducation ».

L'objet de cet ouvrage est d'exposer l'état des réflexions sur la place que ces outils numériques occupent dans la vie des enfants et de leur famille, et sur leur incidence dans la construction des individus.

1

L'écran au pied du berceau

Construction des liens d'attachement et technoférence

Les premières années dc la vie d'un enfant sont cruciales pour le développement de ses liens d'attachement, comme le rappelait en 2020 la Commission française des 1000 premiers jours[10], présidée par Boris Cyrulnik, neuropsychiatre français. Les interactions affectueuses, la présence attentive des parents et la réponse aux besoins émotionnels des tout-petits sont essentielles pour favoriser la construction d'un lien d'attachement sécurisant. L'attachement sécure (issu de relations d'attachement sécurisantes) joue un rôle fondamental dans le bien-être émotionnel et social de l'enfant ainsi que dans son développement cognitif, et ce, tout au long de sa vie. Ce rôle est manifeste dans l'exploration, la régulation des émotions, la sécurité affective, le développement du langage[11,12]. John Bowlby[13], le fondateur de la théorie de l'attachement, parlait ainsi de l'attachement du « berceau jusqu'à la tombe ».

La construction des liens d'attachement commence dès la naissance, et même avant, selon certains chercheurs et praticiens, lorsque le bébé cherche la proximité physique et émotionnelle avec ses parents, ou tout autre adulte qui va prendre soin de lui de façon stable et durable. Le bébé dépend de ses *caregivers* (« donneurs de soins ») pour répondre à ses besoins fondamentaux, tels que l'alimentation, le réconfort et la sécurité physique ou affective, en particulier dans les situations de détresse comme la fatigue, la maladie, l'inconfort, la douleur, l'ennui ou la peur. Les interactions visuelles, tactiles et verbales entre le parent et l'enfant contribuent à renforcer ce lien précieux. Les liens d'attachement se construisent dès le début de la vie et continuent de se modifier, en fonction des relations affectives de l'individu avec ses figures d'attachement, pendant l'enfance, l'adolescence et à l'âge adulte. Ils se mettent en place à partir de la façon dont le bébé exprime ses besoins, notamment selon son tempérament, et de la façon dont les figures d'attachement répondent aux demandes de réassurance de l'enfant, avec plus ou moins de sensibilité. Ce sont les interactions répétées entre l'individu et ses figures d'attachement qui participent à la mise en place de schémas relationnels. On distingue schématiquement quatre grands styles d'attachement : un style d'attachement sécure et trois styles d'attachement insécures (évitant, préoccupé/ambivalent, ou désorganisé). Le style d'attachement sécure est caractérisé par la confiance que la personne a envers la disponibilité de sa figure d'attachement et le fait d'être rassuré par sa présence en cas de besoin ; tout en étant, en grandissant, capable de développer une autonomie. Dans le cas d'un style d'attachement insécure, la personne n'a pas totalement confiance en la disponibilité de la figure d'attachement et n'est pas certaine de pouvoir compter sur elle en cas de besoin. Le style d'attachement insécure de type évitant est souvent caractérisé par une « minimisation » de l'expression des besoins d'attachement. Autrement dit, la personne peut ressentir le besoin d'être rassurée mais ne va pas, ou peu, exprimer de besoins de réassurance, d'attachement. Tel est le cas, par exemple, d'un enfant qui serait peu sensible au départ de son parent dans un contexte totalement inconnu. Au contraire, le style d'attachement insécure de type ambivalent/préoccupé est caractérisé par une « maximisation » de l'expression des besoins d'attachement. La personne va alors exprimer de nombreuses demandes de réassurance et aura des difficultés à supporter seule les moments de détresse, voire à être rassurée malgré la présence de la figure d'attachement, à l'instar d'un enfant qui serait, de façon récurrente, difficilement consolable. Le style d'attachement désorganisé est, quant à lui, caractérisé par des comportements qui peuvent osciller entre une absence de recherche de réassurance – comme dans le style d'attachement insécure de type évitant – et une recherche élevée de proximité avec la figure d'attachement – comme dans le style d'attachement insécure de type ambivalent/préoccupé[14]. Pour que les liens d'attachement qui se construisent soient sécures, une certaine sensibilité des parents est indispensable à l'égard des besoins de l'enfant et des signaux exprimant ces besoins. Cela implique que le parent, ou tout autre caregiver, puisse répondre aux besoins de l'enfant de façon ajustée et appropriée, en adéquation avec les besoins exprimés par l'enfant, et ce, dans un délai « raisonnable » d'autant plus réduit que le bébé est petit.

À l'ère du numérique, la disponibilité des parents pourrait être affectée par leur propre usage des outils numériques. Pour désigner cette indisponibilité relative, Brandon McDaniel a proposé le concept de « technoférence »[15], qui peut être défini comme l'interruption ou l'entrave des échanges du fait de l'utilisation des outils numériques, le plus souvent le smartphone. Le terme de *phubbing*[a]

a. Terme inventé par le Macquarie Dictionary en 2012.

(contraction de *phone*/téléphone et *snubbing*/snober) est également employé dans ce sens. Initialement décrit dans le contexte des relations de couples, le concept de technoférence a rapidement été pris en compte et étudié au sein des relations parent-enfant et des relations coparentales. Sachant que nous consultons en moyenne notre smartphone 221 fois par jour (pour lire un message, répondre à un appel, consulter une notification, etc.), ces interruptions des interactions peuvent survenir à différents moments d'interactions familiales (repas, jeux, soins à l'enfant, activité partagée, etc.).

Situation de technoférence

Un papa est assis sur le sol avec son bébé de 9 mois. Le bébé est en train d'explorer des cubes colorés. Il gazouille joyeusement, attrape des objets et essaie de les examiner de près, les porte à sa bouche, les tend à son père. De son côté, le père est assis à côté de l'enfant, mais il est constamment absorbé par son smartphone. Il vérifie régulièrement ses messages, ses notifications, ses courriels, et regarde des vidéos sur Instagram pendant que son bébé essaie d'attirer son attention. Le bébé, qui recherche le contact visuel et le sourire de son père, commence à babiller plus fort, à rire et à faire des gestes plus amples pour attirer l'attention. Malgré tout, le père reste concentré sur son téléphone, ne participant pas activement au jeu de son enfant. Le papa empile parfois distraitement deux cubes, offre un sourire furtif à son enfant, comme des tentatives de lui porter son attention, mais souvent de façon asynchrone. Au fur et à mesure, le bébé commence à s'agiter, essaie moins d'empiler les cubes, de les explorer et les lance. Il présente aussi moins de vocalises positives et moins de regards en direction de son père. Il le sollicite moins.

Dans cette situation, le parent ne participe pas à l'exploration et à la découverte des jeux et de l'environnement de son bébé. Le bébé ne peut pas s'appuyer sur son père comme base de sécurité pour l'exploration des jeux. Le lien émotionnel et la communication non verbale entre le père et le bébé sont perturbés par l'usage du téléphone par le papa. Cette situation est une situation de technoférence.

Même si elles sont souvent de courte durée, nous savons que ces interruptions technologiques requièrent l'attention[15] du parent. Lorsque le parent est absorbé par son smartphone ou un autre écran pour répondre à des messages, consulter les réseaux sociaux ou regarder des vidéos, il est moins disponible pour son enfant. Cela peut affecter sa capacité à percevoir et à répondre aux besoins de l'enfant. Les recherches émergentes dans ce domaine font état de liens entre la technoférence et une réduction de la qualité des interactions parent-enfant[16]. Dans les situations de technoférence, on observe davantage d'affects négatifs et moins d'affects positifs chez le tout-petit[17]. Les bébés et les jeunes enfants peuvent ressentir un manque d'attention de leurs parents, ce qui peut, lorsque ce moment est trop important, influencer leur sentiment de sécurité d'attachement[18]. Les enfants peuvent chercher à attirer l'attention de leurs parents en utilisant des comportements défavorables comme l'agitation et les cris, ce qui peut perturber la dynamique familiale. La technoférence serait ainsi associée à des liens d'attachement moins sécures ainsi qu'à des difficultés comportementales chez l'enfant[18,19]. Il faut toutefois avoir à l'esprit que les parents ne vont pas tous avoir les mêmes comportements dans les situations de technoférence. Là où certains pourraient interrompre l'interaction de façon brutale et fréquente pour prendre leur téléphone, d'autres vont, au contraire, tenir compte de l'enfant en lui expliquant ce qu'ils font (par exemple : « c'est un message de mamie, je lui réponds rapidement et je continue l'histoire ») ou encore en gardant un contact physique, notamment avec les plus jeunes ; le parent pouvant poser sa main sur le bras du bébé en répondant à un message pour maintenir le contact. L'impact de la technoférence sur la sécurité d'attachement et le sentiment de l'enfant d'être pris en considération dans la relation avec son parent dépendra ainsi de la fréquence, du contexte et des comportements associés chez le parent. Pour les plus grands, le vécu des moments de technoférence dépendra aussi de la qualité du lien d'attachement préexistant.

Dans cette matière, il est intéressant de chercher à comprendre ce qui peut conduire un parent à utiliser son smartphone ou un autre outil numérique en présence de son tout-petit, fréquemment ou non. Cette compréhension pourrait aider les parents à réfléchir à leurs usages numériques, sachant que les parents ont un rôle de modèle pour leur enfant et que leurs propres usages numériques seront observés par l'enfant.

Les recherches sur ce sujet ont permis d'identifier un certain nombre de facteurs générant ou amplifiant les comportements de technoférence parentale[20]. Ceux-ci peuvent être liés aux comportements ou tempérament difficiles de l'enfant aux yeux du parent, à l'ennui et au besoin de socialisation que peut parfois ressentir ce dernier lorsqu'il s'occupe d'un tout-petit ; ou encore au stress, à l'anxiété et à une symptomatologie dépressive chez le parent.

Pour favoriser des liens d'attachement sécures, il est important que les parents soient conscients de l'influence potentielle de leurs comportements numériques sur leurs enfants, et de ce qui les conduit à utiliser leur smartphone malgré la présence de leur enfant. Cette compréhension peut être facilitée par l'institution de moments « sans écran », au cours desquels les parents sont pleinement présents et attentifs à leurs enfants, accordant une attention ininterrompue à leurs besoins et interactions. Cela est d'autant plus important quand on connait le rôle protecteur et stimulant d'un attachement sécure, pour l'exploration de l'environnement et pour le développement socio-émotionnel et cognitif de l'enfant. Beaucoup de parents ont assimilé les discours de prévention visant à limiter l'usage des outils numériques en présence des jeunes enfants[21], ce qui peut conduire à une forme de culpabilisation, négative pour le sentiment d'efficacité parentale et pour le recours aux outils numériques pour parer au stress[22]. Les parents ont donc bien plus besoin d'une information précise sur les inconvénients et les avantages de ces pratiques, autant que d'un accompagnement dans l'utilisation maîtrisée des écrans en famille, que de discours moralisateurs, visant à prohiber complètement l'usage des outils numériques en présence des enfants.

Outils numériques : aide à l'éveil ou « nounou » des jeunes enfants ?

Outre leur usage par les parents, les outils numériques ont également fait leur entrée comme « auxiliaires éducatifs » des jeunes enfants. Certaines pratiques ont pu être identifiées en tant que telles[20, 23]. Les parents peuvent avoir recours aux outils numériques pour réguler les comportements de leur enfant, par exemple pour éviter les colères ou calmer l'enfant pendant les temps de repas ou d'habillage, au cours de rendez-vous, pendant des périodes d'attente ou lors de déplacements. Ceci, notamment, pour occuper l'enfant le temps d'une pause, réaliser des tâches quotidiennes, coucher ou aider l'enfant à se rendormir en cas de réveil nocturne, ou encore le récompenser.

En sus de ces pratiques, les applications éducatives et les outils numériques spécialement conçus pour les plus jeunes se sont multipliés. L'offre étant foisonnante et alléchante, il n'est pas toujours facile, pour un parent, de résister à ces propositions : qui n'aurait pas envie d'accorder à son enfant la possibilité de faire des apprentissages et de stimuler son éveil par un outil moderne et séduisant ? Sur ce point, les chercheurs ont exploré les qualités éducatives d'applications à destination des jeunes, pour déterminer si elles répondent aux quatre piliers de l'apprentissage, à savoir l'apprentissage actif, l'engagement dans le processus d'apprentissage , l'apprentissage significatif et l'interaction sociale[24]. Il semblerait qu'une majorité de ces applications ne permet pas en réalité à l'enfant de bénéficier d'un réel apprentissage, en particulier pour les applications gratuites dans lesquelles l'activité de l'enfant est constamment interrompue par des *pop-ups* ou autres publicités en tout genre. Ces applications sont pourtant très utilisées par les parents ayant des moyens financiers réduits, et ceux qui n'ont pas la capacité d'évaluer la qualité véritable du produit proposé.

En voulant offrir plus d'opportunités à leur enfant, ces parents pourraient avoir recours à des applications de mauvaise qualité, nous amenant à avoir une réflexion sur le potentiel renforcement des inégalités liées aux usages numériques. L'interrogation est tout aussi pertinente quant à l'utilisation des outils numériques par les très jeunes enfants de tous milieux qui, sous couvert de leur permettre d'avoir des activités éducatives, peuvent en réalité servir à les distraire. Ces pratiques s'observent dans les transports, les salles d'attente ou au moment des repas. Il ne s'agit pas de considérer que les outils numériques ne doivent jamais être utilisés pour le divertissement ou les temps d'attente. La question réside davantage dans leur recours systématique à cette fin. En effet, par un usage solitaire, il s'avère que les tout-petits ne tirent pas vraiment de bénéfice des appareils numériques, et qu'ils peuvent, au contraire, manquer des occasions d'apprentissage par l'interaction avec l'environnement social et physique, dès lors que l'outil numérique est trop présent.

Il en va de même en ce qui concerne la pratique du « co-visionnage », c'est-à-dire le fait de regarder à deux ou plus un contenu numérique. Les recherches contemporaines font état de résultats plutôt mitigés quant aux bénéfices de cette pratique. Le co-visionnage peut permettre à l'enfant de développer son vocabulaire et d'avoir des interactions positives avec son parent[25], mais on observe aussi une réduction des échanges parent-enfant dans certains situations[26]. En revanche, cette pratique peut venir en support de la relation, car elle constitue une activité partagée dans laquelle on peut avoir un moment de plaisir en commun, partager l'univers de son enfant, mais aussi lui faire découvrir de nouvelles choses, participant ainsi à son éveil[27]. Il s'agit aussi d'une activité pendant laquelle on peut accompagner l'enfant et commencer son apprentissage de l'utilisation des outils numériques, fondation de ses usages futurs. En effet, à mesure qu'il grandit, les usages de l'enfant deviennent plus autonomes et solitaires[28]. Un accompagnement progressif pourra aider l'enfant à apprendre à avoir un usage raisonné des écrans quand il grandira et pouvoir en tirer bénéfice. Cet accompagnement et cet apprentissage passent aussi par les comportements numériques des parents comme leurs habitudes d'utilisation, mais aussi ce qu'ils partagent en ligne.

L'empreinte numérique des enfants

Une pratique numérique particulièrement courante chez les parents est le *sharenting*[b], définie par Putri en 2019, comme « le phénomène de partage et de divulgation d'informations intimes sur les enfants sous forme de photos, de vidéos et de statuts par les parents *via* les médias sociaux ». Les médias sociaux regorgent ainsi de photos d'enfants qui se mêlent à des images de chatons mignons et autres publications destinées à recueillir des *likes* et autres commentaires sympathiques. L'ampleur du phénomène est telle que plus d'un tiers des bébés auraient déjà une empreinte numérique avant même leur naissance[29] et que plus de la moitié des parents partagent des photos de leurs enfants sur les réseaux sociaux, certains en ayant même fait un commerce à travers des comptes d'« influenceurs ». Sur cette pratique, un regard critique est nécessaire, autant que sur les raisons qui peuvent amener les parents

b. Néologisme provenant de la contraction des mots *sharing* (partage) et *parenting* (parentalité).

à partager des photos ou des vidéos de leur enfant en ligne, ou même à participer à des challenges visant à ridiculiser leur enfant en ligne, comme le viral *#cheesechallenge* ou « défi du fromage » qui consistait à jeter une tranche de fromage fondu sur le visage de son bébé et de publier la vidéo de la réaction du bébé...

Les motivations derrière les pratiques de *sharenting* peuvent être très variées[30]. Les parents peuvent chercher la reconnaissance, le soutien et la valorisation de leur rôle, renforcer leur estime de soi et ressentir une certaine fierté à travers les *likes* et les commentaires positifs. Certains parents peuvent également recourir au *sharenting* pour documenter le développement de leur enfant et maintenir un lien avec leur cercle familial et social, sans nécessairement avoir en tête que, même avec des paramètres de restriction stricte de visibilité des contenus publiés, la diffusion des publications va souvent au-delà du cercle restreint. En outre, comme évoqué plus haut, certains parents voient dans le *sharenting* une source de revenus, que ce soit en faisant de leur enfant un influenceur ou en devenant des influenceurs eux-mêmes par l'exposition de leur famille et de leur rôle de parent.

Cette pratique soulève évidemment des objections éthiques, notamment la question du consentement des enfants et des risques auxquels ils sont exposés en ligne. Il apparaît que les enfants sont eux-mêmes de plus en plus critiques et méfiants à l'égard du partage de contenus les concernant sur les réseaux sociaux, estimant que leurs parents devraient obtenir leur consentement avant de partager de telles informations[31]. En grandissant, ils peuvent ressentir de l'embarras lorsqu'ils découvrent certains messages de leurs parents, parfois anciens, ce qui peut entraîner des conflits familiaux. En outre, les parents sont confrontés à un dilemme, car ils mettent en œuvre des stratégies de médiation numérique pour maximiser les opportunités et minimiser les risques en ligne pour leur enfant, tout en exposant involontairement leurs données et leur image à des risques en ligne comme, à l'extrême, la pédopornographie. En effet, plus de la moitié des images d'enfants présentes dans les réseaux de pédopornographie sont des photographies postées par les parents eux-mêmes...

Pourtant, pour beaucoup, les parents ayant recours au *sharenting* n'ont pas conscience des problèmes que cela peut générer sur le long terme, notamment en ce qui concerne la sécurité en ligne ou le processus de construction de l'identité de l'enfant. L'information et l'accompagnement de ces parents sont essentiels et doivent être intégrés dans une démarche de réflexion, non culpabilisatrice, autour du parent lui-même, de l'image qu'il a de son rôle et de ses motivations. En France, la question est régie par la loi du 19 février 2024[32], qui garantit le respect de la vie privée de l'enfant et la protection de son image.

La parentalité *Instagram* ou la famille idéale

Parmi les parents qui postent des images ou vidéos de leur enfant sur les réseaux sociaux, certains peuvent être considérés comme « influenceurs » et sont suivis par un nombre plus ou moins conséquent de *followers* ou abonnés. Ces influenceurs peuvent partager leur quotidien de parent, leur vie de famille avec leur communauté, tout en sélectionnant ce qu'ils veulent donner à voir, questionnant la réelle authenticité de ce qui est partagé. Une part importante de ces comptes d'influenceurs peut renvoyer l'image d'une vie familiale « idéale » ou idéalisée, famille dans laquelle les parents sont de « bons parents », les enfants sont heureux et épanouis, les relations familiales harmonieuses... Ces idéaux, parfois inatteignables, peuvent donner aux parents, qui regarderaient régulièrement ces comptes, le sentiment de ne pas être à la hauteur en tant que parents, de ne pas en faire assez. Cela pourra être d'autant plus important pour des parents ayant peu confiance en leurs compétences parentales ; connaissances, comportements, attitudes et habiletés visant à apporter un soutien émotionnel à l'enfant et à communiquer avec lui, à le stimuler cognitivement, à l'encadrer, le guider et réguler ses comportements et ses émotions[33]. En effet, on sait aujourd'hui qu'un sentiment de manque de compétences parentales ainsi que des comparaisons sociales à des images parentales idéalisées peuvent être source de stress pour les parents et participer, dans certaines situations, à l'émergence d'un *burn-out* parental. Le *burn-out* parental est défini par Moïra Mikolajczak[34] comme un épuisement intense lié à la responsabilité parentale, où le parent se désengage émotionnellement de ses enfants et remet en question sa compétence en tant que parent. Les parents ressentent une fatigue si pesante dans leur rôle parental que la simple réflexion sur leurs responsabilités peut les plonger dans un sentiment d'épuisement total. Cela peut amener les parents à s'éloigner émotionnellement de leurs enfants, réduisant progressivement leur implication dans la relation parent-enfant et limitant les interactions aux aspects fonctionnels et instrumentaux de leur rôle de parent (assurer les repas, organiser le quotidien, etc.) au détriment des aspects émotionnels (partager des temps de plaisir par le jeu ou des activités familiales, etc.). Ils ne se perçoivent plus alors comme des parents efficaces et peuvent perdre le plaisir d'être en présence de leurs enfants. L'influence des réseaux sociaux sur le *burn-out* parental pourrait être due aux émotions ressenties par le parent lorsqu'il se compare aux autres parents. Ainsi, les parents qui éprouvent plus d'émotions positives, telles que l'optimisme ou la fierté, lorsqu'ils se comparent aux autres, à travers les réseaux sociaux, seraient moins exposés au risque d'épuisement parental. Au contraire, les parents qui éprouvent plus d'émotions négatives, comme l'envie ou l'inquiétude, lorsqu'ils se comparent pareillement, présenteraient davantage de risque de *burn-out* parental[35]. Par ailleurs, plus les parents auraient des exigences élevées envers eux-mêmes – comme, par exemple, être en capacité de gérer tous les problèmes du quotidien – plus la comparaison sociale, *via* les réseaux sociaux, pourrait les conduire à l'épuisement.

Au regard des conséquences délétères du *burn-out* parental sur le bien-être des parents, les interactions parentales, et, par conséquent, sur le bien-être des enfants, les professionnels peuvent être une source importante de soutien et de prise de recul pour les parents. Ils peuvent notamment aider les parents à réfléchir sur les exigences qu'ils peuvent avoir envers eux-mêmes, l'autre parent ou encore leurs enfants. Ils peuvent aussi accompagner les parents afin que ces derniers aient un meilleur sentiment d'efficacité parentale. Mais encore faut-il que les parents cherchent de l'aide auprès de ces professionnels ou soient identifiés pour être soutenus. Or, il n'est pas rare que la recherche d'aide, de conseils et de stratégies éducatives se fasse également *via* les réseaux sociaux, plutôt qu'auprès des professionnels. En effet, les parents influenceurs peuvent donner des conseils sur la parentalité, sur le soin aux enfants et leur développement, sur les activités à faire en famille et l'économie du quotidien. Les parents peuvent parfois se sentir plus proches d'autres parents, se sentir mieux compris et avoir davantage confiance en des personnes qui vivent des expériences comparables aux leurs, qu'en des professionnels avec qui la relation de confiance peut mettre plus de temps à s'installer. Par conséquent, à une époque où les réseaux sociaux sont devenus une source de soutien pour les parents et futurs parents[36, 37], une vigilance quant aux contenus et à leur perception par les parents est nécessaire. Leurs contenus pourront participer à la construction de la parentalité.

Des idées intéressantes peuvent émerger des comptes sur les réseaux sociaux liés à la parentalité. Mais ces comptes peuvent devenir problématiques lorsque leurs contenus sont l'unique source d'information des parents et qu'une capacité critique ou de recul manque, ou lorsqu'ils génèrent des attentes trop élevées sur eux-mêmes en tant que parent mais aussi vis-à-vis de l'enfant. Les professionnels ont commencé à investir les réseaux sociaux, afin de fournir aux parents des conseils et des clés de réflexion réalistes sur la parentalité et le développement de leur enfant. Des parents influenceurs commencent aussi à présenter des aspects moins « positifs », plus « réalistes » des différentes facettes de la vie de parent.

2

Les écrans comme régulateurs des émotions

Les émotions parentales

Les adultes, parents ou non, ont des périodes pendant lesquelles les niveaux de stress ou de symptomatologie anxiodépressive peuvent être plus ou moins intenses. Les personnes peuvent alors mettre en place différentes stratégies de *coping*, parmi lesquelles l'utilisation des outils numériques. Autrement dit, les personnes peuvent recourir aux outils numériques pour faire face au stress, à l'anxiété, à la dépression ou à d'autres émotions négatives[38]. Le *coping via* les outils numériques peut ainsi se faire sous différentes formes. Utiliser les outils numériques peut offrir une évasion temporaire, une distraction des émotions négatives en permettant aux personnes de se concentrer sur autre chose, de penser à autre chose, par exemple en regardant des films, en jouant à des jeux vidéo, en scrollant sur les réseaux sociaux ou en échangeant avec d'autres personnes. Il s'agit alors d'une stratégie de *coping* orientée vers l'évitement[39] et ayant pour but de diminuer les affects négatifs. Une autre stratégie de *coping* peut être d'utiliser les outils numériques pour augmenter ses affects positifs en ayant un usage tourné vers la recherche de relaxation et de divertissement, par du contenu amusant, une écoute musicale ou le recours à des application de relaxation ou méditation. Comme évoqué précédemment, les outils numériques peuvent être utilisés pour rechercher du soutien social en période de stress, de dépression ou d'anxiété à travers les réseaux sociaux ou les applications de messagerie comme auprès de personnes proches ou non. Enfin, une stratégie de *coping* peut aussi être de rechercher en ligne des informations sur la gestion du stress, de l'anxiété ou de la dépression. Les ressources en ligne, les vidéos éducatives ou les applications qui y sont consacrées peuvent aider les personnes à mieux comprendre les émotions et leur régulation[40].

L'usage des outils numériques comme stratégie de *coping* est particulièrement observé chez certains parents sujets à l'anxiété quotidienne et au stress parental[41]. Le stress parental, ou stress lié à la parentalité, est un état que le parent ressent en raison des responsabilités liées à l'éducation de ses enfants[42]. Il se caractérise par l'irritabilité, l'anxiété, la frustration, la fatigue ou la culpabilité, et peut produire un effet négatif sur la qualité des interactions parent-enfant. Il peut découler des attentes parentales, des responsabilités familiales, des problèmes de comportement des enfants, des préoccupations financières, du manque de sommeil et de tout autre facteur de stress lié à la parentalité. Il peut avoir des répercussions sur le bien-être des parents, et, en fin de compte, sur la qualité de l'éducation des enfants.

L'utilisation des outils numériques pour combattre ce stress lié à la parentalité conduit à un paradoxe. Cette stratégie de *coping* peut permettre aux parents d'abaisser leur niveau de tension et s'avérer ainsi favorable à des interactions parent-enfant de meilleure qualité[43]. Mais elle peut aussi conduire les parents à utiliser davantage les outils numériques et ainsi accroître les difficultés. En effet, le risque pour les parents est d'être plus exposés à du contenu en ligne où la parentalité est idéalisée, alimentant ainsi des attentes parentales plus élevées, ce qui peut alors renforcer le stress parental. Un usage plus fréquent des outils numériques peut aussi accroitre les situations de technoférence qui, comme nous l'avons vu précédemment, peuvent susciter des comportements difficiles de l'enfant, ce qui peut aggraver le stress parental. Dans une étude longitudinale menée aux États-Unis auprès d'enfants de 18 mois à 5 ans, McDaniel et Radesky ont observé que le stress parental était directement lié aux comportements difficiles externalisés de l'enfant tels que la colère, l'agressivité, l'impulsivité, et, dans une moindre mesure, aux comportements internalisés comme le retrait, l'anxiété, la dépression. Leur étude montre également que ce stress parental induisait davantage de technoférence parentale, laquelle, en retour, induisait davantage de comportements difficiles chez l'enfant, alimentant un cercle vicieux[20]. Les parents ont souvent une perception ambivalente de leur usage des outils numériques, conscients que cela peut à la fois conduire à abaisser les tensions, par exemple pour calmer momentanément un enfant qui fait une grosse colère ou le distraire pendant des repas, mais aussi avoir pour conséquence, à l'inverse, de les majorer, par exemple en déclenchant un conflit conjugal lié à l'usage excessif des outils numériques par l'un des partenaires du couple, ou en provoquant des comportements difficiles de l'enfant lorsque le parent est au téléphone[44,45]. Cette ambivalence se retrouve également dans l'usage des outils numériques par les enfants et les pratiques parentales liées à ces usages propres.

Les émotions de l'enfant

On parle aujourd'hui beaucoup des émotions de l'enfant, de la nécessité d'apprendre aux enfants à identifier les émotions, à les reconnaitre chez soi et autrui, à les exprimer. Pour autant, on peut se demander si les émotions de l'enfant sont réellement acceptées en tant que telles. La question se pose tout particulièrement pour les émotions à valence négative comme la colère, l'anxiété, la peur et l'irritabilité, beaucoup moins gratifiantes et valorisées que les émotions à valence positive. Tout comme les attentes envers les parents sont élevées, les attentes vis-à-vis des comportements de l'enfant le sont également et ses manifestations « bruyantes » semblent moins tolérées dans l'espace public comme dans la sphère sociale[46]. Pour limiter ces manifestations « bruyantes », les parents ont parfois recours aux outils numériques.

Ils vont alors utiliser les outils numériques pour apaiser ou distraire leurs enfants dans des situations stressantes, par exemple en cas des blessures ou lors de soins médicaux, voire dans des situations moins stressantes telles que les repas. Bien que cela puisse être efficace à court terme pour gérer les émotions et les comportements négatifs des enfants, il reste à savoir si cette stratégie est bénéfique, préjudiciable ou neutre pour le développement des enfants à plus long terme. En effet, comme évoqué précédemment, chez les adultes, l'utilisation fréquente des médias numériques peut être liée à des difficultés dans la gestion des émotions négatives et à une tendance à éviter les stimuli négatifs (stratégie de *coping* tourné vers l'évitement).

Pratique parentale et émotions négatives de l'enfant

Sophie est une maman de 32 ans qui a une fille de 2 ans nommée Emma. Emma est souvent décrite par les proches de la famille comme une petite fille énergique et curieuse, « très vivante », « avec du caractère ». Comme beaucoup d'enfants de son âge, elle peut manifester des colères occasionnelles, d'intensité plus ou moins importante. Sophie se dit souvent dépassée par les pleurs et les crises d'Emma et semble avoir trouvé une solution apparente : elle donne fréquemment à sa fille une tablette pour la distraire et la calmer pendant ces moments difficiles. Elle confesse que « c'est la seule solution, c'est la seule chose qui permet d'apaiser les colères d'Emma ». Lorsqu'Emma commence à montrer des signes de frustration ou de colère, Sophie dégaine rapidement la tablette et met un dessin animé ou une application interactive, qu'elle choisit souvent dans la catégorie des applications « éducatives » pour distraire sa fille. La réaction est immédiate : Emma se calme, ses pleurs se transforment en silence concentré sur l'écran lumineux. Sophie peut ainsi reprendre le contrôle de la situation et éviter des confrontations prolongées. Elle exprime également que cela l'empêche de s'énerver et de hurler sur sa fille, ce qui peut justifier, selon elle, cette stratégie de gestion des émotions négatives de sa fille, afin d'éviter une montée en escalade de la colère du côté de la mère et de l'enfant. Sophie justifie aussi cette pratique en disant qu'elle préfère éviter les « crises de colère interminables » et que la tablette semble être le moyen le plus rapide et efficace pour ramener le calme. Elle remarque également que cela lui donne une pause nécessaire dans sa journée bien remplie. Malgré tout, Sophie s'aperçoit que les colères de sa fille sont fréquentes et qu'elle lui donne de plus en plus facilement la tablette, au moindre signe énonciateur d'une colère à venir, sans essayer d'autres stratégies, ce qui l'interroge et lui donne le sentiment de ne pas savoir faire en tant que parent. Ce sentiment de manque d'efficacité parentale ainsi que la fréquence des colères d'Emma l'amènent à consulter une psychologue. La psychologue accompagne Sophie dans une réflexion autour des usages numériques dans la famille, par chacun des membres, en rapport avec la gestion des émotions. Elle explore avec la maman le développement de la régulation émotionnelle chez l'enfant, pour l'accompagner dans la mise en place d'autres stratégies et pour le soutien du développement des compétences émotionnelles de l'enfant, en particulier l'expression des émotions.

Plusieurs études menées auprès de jeunes enfants ont montré que l'utilisation de dispositifs numériques pour calmer les enfants est associée à des difficultés socio-émotionnelles, à une moindre capacité de concentration chez les enfants, à davantage de réactivité émotionnelle[c] voire de négativité[47,48]. Ainsi, les parents de jeunes enfants (3-4 ans) présentant des capacités métacognitives et des fonctions exécutives moins développées auraient tendance à davantage utiliser les outils numériques pour apaiser leurs enfants[49]. En effet, les enfants ayant des capacités de fonctionnement exécutif[d] moins développées sont plus susceptibles de réagir plus intensément sur le plan émotionnel, d'être plus impulsifs et de présenter des comportements moins organisés. Cela peut les rendre plus difficiles à éduquer pour les parents en l'absence d'outil numérique. Cependant, il est également possible que le recours aux écrans puisse avoir un impact négatif sur le développement de leurs compétences exécutives. Si encore peu de travaux ont exploré cette question, une étude longitudinale a

c. Rapidité et intensité avec lesquelles l'enfant réagit émotionnellement à des stimuli, ainsi que sa capacité à retrouver son calme après une perturbation.

d. Ensemble de processus cognitifs, tels que la planification, la mémoire de travail, le contrôle inhibiteur et la flexibilité cognitive, qui permettent de réguler les comportements et de s'adapter à des situations nouvelles et complexes.

montré que l'exposition régulière aux outils numériques à l'âge de 4 mois prédisaient de moins bonnes performances dans un test d'inhibition à l'âge de 14 mois[49]. Une autre étude longitudinale a montré que bien que l'utilisation de dispositifs numériques pour apaiser les enfants (3 à 5 ans) soit liée à de moins bonnes capacités de fonctionnement exécutif et à une réactivité émotionnelle élevée lors de la première mesure, seule la réactivité émotionnelle est liée de manière bidirectionnelle à l'utilisation de dispositifs numériques pour apaiser les enfants à mesure qu'ils grandissent[50]. Cela tend à suggérer qu'à mesure que l'enfant grandit, le développement de ses fonctions exécutives diminue la nécessité de recourir aux dispositifs numériques pour réguler ses comportements. En revanche, l'utilisation d'outils numériques pour apaiser les enfants en lien avec leur réactivité émotionnelle semble s'intensifier au fil du temps en raison du manque d'occasions d'apprendre et d'utiliser d'autres procédés de régulation émotionnelle[51]. Les professionnels peuvent accompagner les parents pour les aider à trouver d'autres voies de régulation des émotions chez leur enfant. Ils chercheront ainsi à favoriser les pratiques parentales qui amènent leurs enfants à comprendre, exprimer et gérer leurs émotions de manière saine et adaptative, notamment par l'écoute, la validation émotionnelle – laquelle consiste à écouter activement les émotions de l'enfant, montrer de l'empathie et approuver ses affects –, la reconnaissance des émotions et l'encouragement à l'expression émotionnelle. De la même manière, les enfants peuvent aussi apprendre à réguler leurs émotions à partir de l'observation des comportements de régulation émotionnelle de leurs parents, par apprentissage vicariant, c'est-à-dire par reproduction d'un modèle. C'est pourquoi les enfants à qui on donnerait fréquemment un écran pour réguler leurs comportements et qui verraient dans le même temps leur parent recourir aux écrans pour lutter contre les affects négatifs pourraient avoir des difficultés à faire l'apprentissage d'autres stratégies de régulation émotionnelle, non seulement par manque d'opportunité d'apprendre d'autres stratégies, mais aussi par imitation de leur parent[52].

Les émotions de l'adolescent

À l'instar des adultes, les adolescents utilisent le cas échéant les outils numériques pour lutter contre des affects à valence négative, comme l'anxiété et la dépression, ou pour rechercher du soutien en ligne. Cet usage peut avoir des effets sur la réduction des affects à valence négative sur le moment, mais il semble plutôt être associé à une augmentation des affects négatifs et à une recherche de liens sociaux le jour suivant[53]. Il a ainsi été montré, pendant la pandémie de Covid-19, que l'usage des outils numériques, en particulier ceux conçus pour la communication et le contact avec autrui, a permis de réduire le sentiment de solitude chez les adolescents[54]. Cependant, cette réduction de la solitude a été observée pour les contacts « virtuels » avec les amis ou la famille. Elle n'a pas été observée pour l'utilisation des réseaux sociaux et le contact avec des inconnus, malgré les interactions sociales qu'ils permettent. Cela semble montrer l'importance du potentiel de soutien social offert par les outils numériques, soutien social que l'on sait essentiel au bien-être psychique, en particulier à la période de l'adolescence où le groupe et les relations aux pairs tiennent une place si particulière dans la satisfaction de vie[55] et dans la construction de soi[56]. L'adolescence est une période de la vie où l'individu apprend à se connaitre et à construire son identité. Dans cette période, les adolescents peuvent tester différentes identités alternatives afin de répondre à la question de « qui suis-je ? ». Il peut être plus facile de tester ces identités en ligne que dans les interactions en face-à-face puisque, lorsque l'on se présente de façon anonyme, il est possible de dévoiler certaines facettes de notre personnalité et à l'exclusion d'autres[57]. Certaines personnes peuvent avoir le sentiment qu'il leur est plus facile de se montrer elles-mêmes dans les interactions en ligne que dans les interactions en face-à-face. Ce sentiment de pouvoir se dévoiler davantage dans les interactions virtuelles serait lié au modèle d'attachement intériorisé à partir des relations avec les figures d'attachement[58]. Les personnes ayant un modèle de soi négatif, caractéristique des modèles d'attachement insécure de type préoccupé et craintif, peuvent avoir le sentiment de pouvoir se montrer plus elles-mêmes dans les interactions numériques plutôt qu'en face-à-face.

À travers les outils numériques, les adolescents peuvent aussi exprimer leurs émotions. Cette expression émotionnelle se manifeste de diverses manières à travers le monde numérique dans lequel ils évoluent. De nombreux adolescents créent ainsi des vidéos et des *vlogs*[e] dans lesquels ils partagent leurs expériences et leurs émotions. Ils peuvent parler de leurs joies, préoccupations, passions et défis personnels. Cette forme d'expression permet aux adolescents de donner voix à leurs émotions et de se rapprocher de pairs qui peuvent se sentir reconnus. Les adolescents utilisent également leurs profils sur les médias sociaux pour refléter leur état émotionnel. Ils partagent des photos, statuts et messages qui expriment leurs émotions

e. Contraction de « vidéo » et de « blog » : il s'agit d'un blog sous un format vidéo.

du moment sur le réseau[59]. Cela peut être une façon de solliciter un soutien ou tout simplement de s'exprimer, de faire part de leurs états d'âme ou de réagir à des faits marquants. Une autre pratique est apparue chez les adolescents depuis quelques années : les messages vocaux, souvent appelés juste les « vocaux ». Ceux-ci sont souvent perçus comme moins intrusifs, puisque la personne pourra l'écouter quand elle le voudra, et moins longs que les appels téléphoniques, dans la mesure où ce support n'appelle pas de réponse immédiate et où la personne peut exprimer directement l'essentiel de son propos. Contrairement aux messages écrits, la communication vocale offre une dimension plus intime, des liens sociaux plus forts[60], permettant une meilleure justesse de ton et une plus grande gamme d'expressions émotionnelles ; ce qui peut participer à son engouement chez les plus jeunes, de par son aspect plus authentique. Les adolescents peuvent ainsi considérer qu'un tel format leur permet de mieux communiquer leurs sentiments, même à distance. Lorsque les messages vocaux ne sont pas utilisés, les *emojis* sont très présents dans les messages textuels, pouvant être regardés comme des expressions non verbales des émotions[61].

Certains adolescents tiennent des journaux en ligne, parfois privés ou partagés avec un cercle restreint d'amis ou proches. Ces journaux leur donnent un espace pour exprimer leurs ressentis de manière plus confidentielle, ce qui peut être bénéfique pour l'équilibre émotionnel, la prise de distance et la conscience de soi[62]. L'expression des émotions *via* les outils numériques peut ainsi avoir des avantages importants pour les adolescents. Elle leur offre, le cas échéant, un moyen de se sentir entendus, compris et soutenus par leurs pairs, et peut aussi les aider à mieux comprendre leurs propres émotions, un aspect crucial de leur développement, à un âge où ces dernières sont particulièrement intenses, du fait entre autres des changements hormonaux, du développement cérébral et de la recherche d'approbation sociale. En contrepartie, les adolescents peuvent ne pas toujours réaliser que ce qu'ils partagent en ligne peut être accessible à un public plus large que prévu, compromettant leur vie privée en laissant des traces sur Internet sans limite de temps. Certains adolescents peuvent, sous le coup de l'émotion et de façon impulsive, exprimer des émotions fortes à la suite d'un évènement particulier, puis le regretter ultérieurement. Il est important que les parents et les professionnels accompagnent les adolescents dans l'utilisation des outils numériques et les amènent à réfléchir à ce qu'ils partagent avec autrui par ce biais, que ce soit sous forme de *vlog*, de *reel* sur leur profil, de messages vocaux ; et ce, pour que l'expression leur soit bénéfique, en conscience du nécessaire équilibre des interactions en personne et du soutien offline si nécessaire.

Tout comme pour les plus jeunes, la question du développement des émotions se pose aussi pour les adolescents et préadolescents à l'ère du numérique. Cela concerne notamment ce que l'on appelle la « reconnaissance des émotions non verbales », essentielle aux interactions sociales. Dans une étude menée il y a une dizaine d'années aux États-Unis, des chercheurs se sont intéressés à cette question[63]. Ils ont comparé l'amélioration des capacités de reconnaissance des émotions non verbales chez deux groupes de préadolescents. Un premier groupe est parti cinq jours en « camps nature » sans accès à des outils numériques. Le second groupe est resté à l'école sans contrôle particulier de l'accès à des outils numériques (groupe témoin). Chacun des deux groupes a été soumis à des tests de reconnaissance des émotions faciales avant et après cette période de cinq jours. L'objectif de ces tests était d'évaluer la capacité des préadolescents à déduire les états émotionnels d'autrui à partir de différentes sources visuelles. Cette capacité, qui correspond à l'aptitude à reconnaitre les états émotionnels d'autrui, constitue une compétence essentielle pour améliorer les interactions sociales, résoudre les conflits, renforcer l'empathie et la communication. Pour ce faire les participants ont été exposés à des photographies d'expressions faciales, ainsi qu'à des scènes filmées sans indices verbaux, de façon à ne conserver que les informations émotionnelles non verbales. Les chercheurs ont comparé les réponses avant et après la période de cinq jours au sein de chaque groupe. Dans les deux groupes, la reconnaissance par les préadolescents des indices d'émotions non verbales s'est améliorée par rapport à la première mesure (avant la période des cinq jours) mais cette amélioration a été plus importante pour les préadolescents ayant passé cinq jours en camps nature que pour les préadolescents du groupe témoin. Même si les auteurs reconnaissent qu'ils ne sont pas en mesure d'attribuer avec certitude cette plus grande amélioration à l'absence de présence des écrans pendant cinq jours – elle pourrait aussi être expliquée par l'expérience de groupe ou encore par les activités réalisées en pleine nature –, leurs résultats suggèrent tout de même que l'augmentation des occasions d'interaction sociale, couplée à moins de temps passé avec les outils numériques, a conduit à une amélioration de la compréhension des signaux émotionnels non verbaux chez les préadolescents. Sans empêcher les préadolescents et les adolescents d'utiliser les outils numériques qui sont de véritables outils du lien et des interactions sociales, cela doit néanmoins nous amener à réfléchir à la préservation d'interactions en face-à-face et de partage d'expériences en dehors des outils numériques afin de favoriser les capacités de reconnaissance des émotions, essentielles au processus de socialisation (ou d'intériorisation des normes, valeurs et comportements qui permettent d'interagir avec les autres et de s'intégrer). Un équilibre entre socialisation numérique et socialisation en face-à-face pourrait être un objectif à avoir en tête afin que les adolescents puissent tirer profit des opportunités de socialisation permises par les outils numériques sans que cela ne soit au détriment des interactions en face-à-face qui demeurent importantes.

3

Écrans et communication parent-enfant

Les outils numériques sont par définition des outils permettant la communication. On retrouve d'ailleurs souvent l'acronyme de TIC pour Technologies de l'Information et de la Communication. Pourtant, ces outils peuvent en même temps empêcher ou entraver les échanges (par exemple avec le *phubbing*) et venir en support à ces échanges (par exemple à travers le maintien des liens et les temps de plaisir partagé). Cette double fonction de la place des outils numériques dans la communication parent-enfant sera particulièrement en jeu au moment de l'adolescence.

La communication parent-enfant et le *phubbing*

La communication entre les parents et les enfants est un aspect crucial du développement de l'enfant et de la dynamique familiale. Cela ne se limite pas aux interactions entre le parent et le jeune enfant. Les échanges parents-enfants demeurent un pilier du développement socio-émotionnel au cours de l'enfance et de l'adolescence. Nous avons pu voir, à travers les résultats de certaines études, les réflexions que peuvent susciter les comportements de technoférence dans la construction des liens d'attachement au début de la vie. Si l'utilisation d'un outil numérique pendant les soins ou les temps passés avec un jeune enfant provoque souvent de vives réactions chez les observateurs, la réflexion doit aussi être portée au-delà de cette période. Pour ce faire, nous pouvons prendre l'exemple du phubbing qui s'observe au quotidien dans nos relations aux autres, quelles qu'elles soient.

Le *phubbing* est un terme qui résulte de la contraction de « *phone* » (téléphone) et « *snubbing* » (ignorer). Il fait référence au fait d'ignorer délibérément quelqu'un en faveur de son téléphone, de privilégier l'attention portée à son téléphone plutôt qu'à la personne qui se trouve en notre compagnie. Le *phubbing*, qui peut être considéré comme une forme de technoférence, peut être particulièrement envahissant du fait de la portabilité des téléphones (smartphones plus particulièrement) et de leur usage pas toujours très conscient par leur propriétaire (en témoigne le nombre moyen de fois qu'une personne consulte son téléphone par jour :

221 fois au dernier recensement, et le nombre de fois en moyenne où on le toucherait qui est de 2617 fois !).

Les repas de famille : cas de technoférence

Imaginez une famille assise à table pour le dîner. Les parents ont préparé un repas et veulent profiter de ce moment pour discuter et partager des expériences avec leurs enfants, revenir sur la journée que chacun ou chacune a vécue, parler de l'actualité, des émotions de chacun et chacune. Pendant le repas, alors qu'ils sont en train de discuter tous ensemble, le téléphone portable des parents ne cesse de sonner avec des notifications constantes, les distrayant régulièrement de la conversation en cours. Les parents, sans même s'en rendre compte parfois, consultent rapidement leurs messages, répondent à des appels ou même jettent un coup d'œil rapide à leurs réseaux sociaux pendant le repas. Les enfants, voyant que leurs parents sont distraits, peuvent commencer à se sentir négligés et peuvent même interrompre plusieurs fois leur repas pour attirer l'attention de leurs parents. Dans d'autres cas, les enfants peuvent aussi arrêter de raconter leur journée et se mettre en retrait des échanges avec leurs

parents. Plus grands, lorsqu'ils ont également leur propre téléphone, ils peuvent reproduire ces attitudes parentales.
Cette situation peut être considérée comme une situation de technoférence qui crée une rupture dans la communication et les interactions familiales. Elle peut perturber des moments importants de la vie quotidienne, comme ici les repas en famille, et entraver la qualité des relations parent-enfant.

Lorsque le *phubbing* s'invite dans la relation parent-enfant, il peut susciter chez l'enfant des sentiments négatifs comme celui d'être ignoré, de ne pas être capable de susciter autant l'intérêt et l'attention de son parent que le téléphone[64]. Lorsque l'on interroge les enfants et les adolescents, nombreux sont ceux qui se plaignent de l'utilisation des outils numériques par leurs parents, et de leur téléphone en particulier. Cela suggère que les enfants et les adolescents sont conscients de l'attention que leurs parents accordent à leurs outils numériques et peuvent exprimer leur mécontentement à ce sujet, même si ce mécontentement n'est pas toujours exprimé directement aux parents : certains enfants osent faire des remarques à leurs parents (« papa, maman, c'est un moment en famille ! ») mais ce n'est pas le cas de tous les enfants.

Parmi les émotions négatives ressenties par les

enfants dans les situations de *phubbing*, l'épuisement, la frustration, la tristesse et la colère ont été recensés. L'émergence de ces émotions pourrait être liée au fait que lorsqu'il tente d'attirer l'attention de son parent, l'enfant peut se heurter à un mur d'indifférence lié à l'utilisation du téléphone, ou à une demi-réponse ou à une réponse différée... Pourtant, même lorsqu'il grandit, l'enfant peut faire appel régulièrement à son parent pour rendre compte de ce qu'il fait, lui poser des questions, avoir de l'attention, chercher des encouragements. Cette attention est nécessaire à l'enfant qui s'appuie sur son parent comme une base de sécurité pour faire de nouvelles expériences ou tenter des choses qui peuvent représenter un défi pour lui (par exemple, jouer un nouveau morceau avec un instrument de musique, essayer une figure acrobatique).

Grâce à cette base de sécurité, l'enfant pourra se sentir encouragé. Sans elle, il pourra avoir le sentiment qu'il ne peut compter que sur lui-même et/ou même se sentir abandonné lorsque cela arrive très souvent. Pour illustrer cela, Brandi Stupica[65] a fait courir des enfants de 3 à 12 ans sur un terrain de sport, et elle a mesuré les performances des enfants dans deux conditions : une condition où le parent est disponible, attentif à son enfant et réagit comme il le fait habituellement et une condition où le parent n'est pas disponible ni réactif parce qu'il est absorbé par son téléphone portable. Les résultats qu'elle a obtenus ont montré que les enfants ont couru un peu plus vite et ont eu moins de risques de trébucher, de tomber ou de faire un faux départ dans la condition où les parents étaient disponibles et attentifs (comparé à la situation où les parents regardaient leur téléphone portable). Elle a aussi noté que, uniquement dans la condition où le parent est disponible et réactif, les enfants couraient plus vite à mesure que la sensibilité du parent augmentait. On peut voir, à travers cet exemple, combien cette attention est nécessaire aux enfants, quel que soit leur âge. Il montre aussi que la disponibilité, la réactivité, la sensibilité et l'attitude des parents peuvent avoir un impact sur la motivation, la sécurité et les résultats sportifs des enfants. Ces résultats soulignent l'importance de l'implication des parents dans la vie de leurs enfants, y compris dans le domaine du sport, pour favoriser leur bien-être global et leur développement, et à quel point cette implication peut être impactée par l'usage des outils numériques.

Il arrive bien sûr à chaque parent de se trouver dans une situation de *phubbing* (avec ses enfants comme avec l'autre parent, et même des amis ou d'autres membres de la famille). L'objectif ici n'est pas la culpabilisation mais plutôt la réflexion et la prise de recul sur ces usages. Cette réflexion peut permettre d'avoir des usages en conscience et de limiter les situations de *phubbing*, quelle que soit la situation sociale. Probablement sans effet lorsqu'elles arrivent de façon ponctuelle, elles pourraient, lorsque cela se produit de façon récurrente dans la relation parent-enfant, conduire au risque de voir se développer chez l'enfant un sentiment de désengagement émotionnel et de négligence de la part du parent. Ce qui peut avoir des conséquences sur le bien-être émotionnel de l'enfant ainsi que sur la qualité de la relation parent-enfant, le partage émotionnel, voire même, dans des situations extrêmes, sur la qualité du lien d'attachement, comme nous le verrons plus loin. En même temps, ces situations de *phubbing* pourraient aussi être le reflet de difficultés préexistantes dans la relation parent-enfant et/ou les interactions et la communication familiale.

La communication parent-adolescent à l'ère numérique

Une question qui ressort souvent lorsque l'on s'intéresse à la place des outils numériques dans la communication parent-enfant, en particulier à l'adolescence, est de savoir si ces outils viennent en support de la relation parent-enfant ou si, au contraire, ils entravent la communication et accélèrent l'éloignement de l'adolescent. La réponse est très certainement : les deux ! De plus, l'utilisation des outils numériques suit également l'évolution développementale de la relation parent-enfant au cours de l'adolescence.

Un soutien pour la communication ? Oui ! Et cela passe par plusieurs aspects. Ainsi, la communication parent-adolescent peut être soutenue par les outils numériques car ces outils permettent un accès direct et rapide à l'autre (même si nous verrons plus loin que cela peut être à double tranchant). Ainsi l'adolescent peut être en lien avec ses parents, et inversement, durant les moments de séparation et d'éloignement géographique. Il peut aussi parfois être plus aisé pour certains adolescents de faire passer des messages à leurs parents de façon plus ou moins « déguisée » (par exemple, par l'intermédiaire du partage de *posts* aperçus sur les réseaux sociaux) ou encore de leur faire part de leur état émotionnel à travers des *émojis*. Le partage de publication en ligne peut aussi être une façon pour les parents d'aborder des sujets qui peuvent être perçus comme sensibles ou tabous en fonction des familles, comme le rapport au corps ou la découverte de la sexualité par exemple. La communication parent-adolescent peut aussi être soutenue par les outils numériques car ils peuvent être l'occasion de passer de bons moments ensemble[66]. Le jeu vidéo, lorsqu'il est pratiqué en famille, en est un bon exemple[67]. On peut aussi utiliser des applications mobiles pour faire des jeux ou partager des moments en famille. Outre le plaisir et les émotions positives procurés par ces moments ensemble, cela permet aussi de partager un univers commun, de construire une culture familiale, une identité familiale, de construire des liens[68]. Cela peut être illustré par l'utilisation de l'application *Flash Invaders*, créée en 2014 par le *street* artiste Invader. L'objectif de cette application est de repérer et « flasher » les mosaïques de *Space Invader*, créées par l'artiste et issues d'un jeu vidéo des années 1980, et qui sont disséminées dans l'environnement « réel » (murs, sol, etc.). Les joueurs peuvent ainsi remplir leur galerie et marquer des points (avec un classement international). Cette application recense les mosaïques de *Space Invader* que l'artiste a commencé à coller dans les villes en 1996, à une époque où les outils numériques étaient peu développés. L'application réunit ainsi les générations autour d'un objet commun, d'une référence commune, sous différentes formes : un jeu vidéo ancien, des œuvres sur les murs des villes et une application sur smartphone.

La dimension ludique apportée par certains usages des outils numériques favorise la communication intrafamiliale et peut être un très bon médiateur, en particulier lors de l'adolescence où le mode de communication parent-enfant évolue et que les incompréhensions sont parfois plus nombreuses. Le soutien à la communication et aux interactions que peuvent constituer ces moments de plaisir partagé ne pourront bien sûr pas enlever toutes les incompréhensions et difficultés parfois présentes dans les interactions parent-adolescent.

Flash Invaders : une application ludique favorisant la communication intrafamiliale

Une famille, composée de deux parents, d'un adolescent et d'un enfant, se promène dans une ville. Ils ont tous l'application *Flash Invaders* installée sur leur téléphone portable, hormis l'enfant qui n'a pas encore de smartphone. L'adolescent, déjà familier avec le jeu, est le guide de la famille. Il explique les règles à ses parents et à son jeune frère, les encourageant à être attentifs aux détails architecturaux pour repérer les mosaïques qui se trouvent parfois dans des endroits bien cachés. Les membres de la famille marchent lentement, scrutant les murs, les sols et les façades à la recherche des œuvres d'Invader. À chaque découverte, la famille s'arrête pour « flasher » l'œuvre avec l'application, ajoutant ainsi la mosaïque à sa galerie virtuelle et cumulant des points. Les parents se réjouissent de l'aspect éducatif du jeu, soulignant les caractéristiques artistiques des mosaïques et partageant des anecdotes sur l'art urbain avec leurs enfants ainsi que sur le jeu vidéo duquel sont issues les premières mosaïques de l'artiste. Le jeu devient une activité interactive et divertissante, renforçant les liens familiaux tout en permettant à chacun de contribuer à la réussite collective du jeu. La compétition pour voir qui peut repérer le plus grand nombre de mosaïques ajoute une dimension ludique à la balade.

Comme nous avons pu le voir dans l'illustration présentée, l'utilisation commune des outils numériques peut être l'occasion pour l'adolescent de faire valoir ses compétences numériques (supérieures à celles des parents si on ne tient pas compte de la dimension bureautique et des compétences liées aux démarches administratives en ligne) auprès de ses parents et de leur apprendre des choses. Cela peut être très valorisant pour l'adolescent (à condition que les parents ne se sentent pas menacés par la meilleure maîtrise des outils numériques de leur enfant !). La communication parent-adolescent peut donc être sous-tendue et favorisée par les outils numériques et participer à un sentiment de proximité. Ceci est notamment le cas lorsque ces outils sont utilisés pour partager des moments, des émotions, pour rechercher du soutien auprès du parent, réduire les conflits. Les adolescents peuvent ainsi solliciter leurs parents quand ils ne sentent pas bien, les informer de leur déplacement et/ou demander des autorisations parentales ; les parents peuvent de leur côté prendre des nouvelles de leurs enfants dans la journée, en particulier dans les périodes où ils le sentent plus fragile, donner leur accord pour des sorties ou autres[69]...

A contrario, les usages des outils numériques constituent-ils une entrave à la communication parent-enfant à l'adolescence ? Oui, possiblement aussi ! Leurs usages viennent parfois interférer avec la communication parent-enfant. La technoférence et le *phubbing* pendant l'enfance restent présents à l'adolescence, à ceci près, et ce n'est pas un détail, que la technoférence n'est plus uniquement parentale mais peut aussi venir de l'usage des outils numériques par l'adolescent. Pendant la période de l'adolescence, la technoférence parentale est associée à une moindre perception de la chaleur et de la proximité parentale par l'adolescent ainsi qu'à de plus grandes difficultés chez les adolescents telles qu'une symptomatologie anxieuse et dépressive et de moindres comportements prosociaux. Mais ce qui est observé à l'adolescence par les mêmes auteurs est que la technoférence liée à l'usage des

ou craintif (marqué par la crainte du rejet et de l'abandon), la technoférence parentale amènerait les adolescents à percevoir leur parent comme indisponible pour répondre à leurs besoins. Cela ne serait pas observé chez les adolescents ayant un style d'attachement sécure (marqué par la confiance en la disponibilité de la figure d'attachement) ou craintif (marqué par une réduction des attentes vis-à-vis des figures d'attachement)[72].

4

Écrans et autonomisation

En grandissant, l'enfant devient plus autonome, dans ses déplacements comme dans son recours aux figures parentales pour rechercher de l'aide et du soutien. L'autonomisation peut s'entendre dans le sens où l'adolescent se distancie progressivement de ses parents – tout en ayant toujours besoin d'eux – et se rapproche de ses pairs[73]. Ce chemin vers l'autonomie est aujourd'hui intimement lié aux usages numériques. L'autonomisation dans les déplacements est ainsi l'une des premières motivations pour équiper les enfants d'un téléphone[74]. Les parents souhaitant assurer la sécurité de leur enfant dans ses trajets, le téléphone leur permet de rester en contact avec lui en cas d'urgence ou de besoin. Mais la communication parent-enfant est aussi une motivation, au-delà de l'aspect uniquement lié à la sécurité des déplacements, ce qui renvoie à la question des liens et à la communication numérique entre parent et enfant. L'acquisition d'un téléphone par l'adolescent peut aussi résulter d'une demande de l'adolescent lui-même dans un désir de conformité au groupe de pairs.

Téléphone portable, entre accès à l'autonomie et surveillance parentale

L'acquisition du premier téléphone constitue une véritable étape dans le développement de l'enfant[75], quant à sa pratique numérique et sa prise d'autonomie. En effet, cette acquisition est fréquemment associée à une plus grande autonomie de l'enfant dans ses déplacements. Mais elle trouve aussi son origine dans les particularités du smartphone. Contrairement aux autres écrans de la maison, le smartphone est un outil mobile, personnel (c'est-à-dire non partagé), avec un petit écran qui encourage un usage individuel (par opposition à des pratiques de co-visionnage). Le smartphone change « où et quand les enfants vont aller en ligne, leur procurant une expérience personnalisée, privée et sans supervision »[76]. L'enfant/adolescent va l'utiliser préférentiellement dans l'intimité de sa chambre.

L'acquisition du premier smartphone peut également marquer un accès facilité à Internet, aux médias sociaux, ce qui peut susciter des craintes chez les parents[77], en rapport avec le risque de cyberharcèlement, d'expositions à des contenus inappropriés, violents ou sexuels, le *grooming*[f] et la pédophilie par exemple.

Lorsque le téléphone est un smartphone, il peut permettre aux parents de suivre leur enfant, de le géolocaliser en temps réel. La géolocalisation peut se faire par des applications, des fonctions de partage de position, par des montres connectées, des bracelets connectés, des objets connectés à mettre dans le sac à dos, sur les clés ou dans une poche de vêtements de l'enfant avec fonction GPS par exemple. Le suivi de l'enfant peut aussi se faire par la demande des parents que l'enfant précise où il est lors de ses différents déplacements au cours de la journée[78]. Cette dernière méthode qui ne recourt pas à la technologie est certes moins fiable, mais elle est aussi moins intrusive et basée sur la confiance que les parents accordent à leur enfant.

Le niveau de surveillance de l'enfant peut varier en fonction des familles et du niveau de confiance[79].

On peut retrouver une absence totale de contrôle de l'enfant dans ses déplacements. Dans cette situation, les parents accordent une confiance à l'enfant, le responsabilisent et priorisent la liberté de déplacement de l'enfant[80]. Cela traduit aussi une meilleure gestion de l'anxiété des parents face au

f. Fait qu'un adulte se fasse passer pour un enfant en ligne afin de demander à un enfant des faveurs sexuelles ou le partage d'informations personnelles, voire intimes.

monde extérieur qui peut paraître moins menaçant que dans d'autres familles, dans lequel l'enfant saura adopter des stratégies lui permettant d'affronter les situations difficiles auxquelles il pourrait être confronté.

On peut également retrouver un contrôle basé sur la confiance où l'enfant dit à ses parents où il se trouve lorsqu'il change de lieu (ou par exemple lorsqu'il est arrivé à la maison ou chez un ami après l'école). Ce mode de « surveillance » est aussi basé sur la confiance envers l'enfant tout en ayant un contrôle sur l'endroit où l'enfant se trouve, et qui peut s'expliquer soit par l'âge de l'enfant (on peut par exemple observer ce type de stratégies parentales lors de la prise d'autonomie de l'enfant dans ses premiers déplacements seul), soit par des craintes parentales vis-à-vis de l'environnement extérieur. Cela peut traduire le sentiment de responsabilité que les parents ont vis-à-vis de leur enfant. Le contrôle basé sur la confiance peut être couplé ou non avec la possibilité de géolocaliser l'enfant par des dispositifs actionnables en cas d'urgence ou d'inquiétude majeure, par exemple pour permettre de retrouver l'enfant si celui-ci n'est plus joignable pendant une longue durée. Il est par exemple possible de demander à l'enfant d'activer son partage de localisation ou d'avoir un petit objet GPS dans son sac à dos. Il pourra alors y avoir un pacte entre les parents et les enfants dans lequel l'enfant sera au courant de ce dispositif et en accord avec lui ; tandis que, de leur côté, les parents respecteront l'intimité de leur enfant et l'assureront de ne pas le « traquer » dans ses déplacements, pour ne regarder sa localisation qu'en cas d'inquiétudes majeures. Ce mode opératoire peut rassurer les parents et les aider à laisser leur enfant s'autonomiser, mais aussi l'enfant lui-même qui saura que ses parents pourront le retrouver dans le cas de danger. Les craintes que certains parents et enfants peuvent ressentir vis-à-vis du monde extérieur sont probablement alimentées par le fait que nous vivons une époque où nous sommes avertis dès lors qu'il se passe quelque chose (une disparition d'enfant, des actes de violence envers des enfants, etc.). Si cette information a l'avantage de mettre en lumière des situations de danger, de maintenir la vigilance de chacun (et parfois même de résoudre des faits divers), cette immédiateté alimente aussi les craintes et participe à l'émergence d'une anxiété chez les parents et les enfants, qui peut expliquer l'engouement pour les dispositifs de géolocalisation. Ces craintes, comme les dispositifs qui y répondent, amènent à se questionner sur la place des enfants aujourd'hui dans l'espace public, en particulier dans les milieux urbains. Le milieu citadin est peu adapté à l'enfant et à l'exploration solitaire de ce dernier.

Voir un enfant de moins de 8 ans jouer seul dans la rue est aujourd'hui moins fréquent qu'il ne l'était autrefois.

Enfin, le niveau le plus élevé de surveillance est celui dans lequel les parents suivent les moindres déplacements de l'enfant en temps réel, et de façon récurrente, au cours de la journée. Ce mode de surveillance peut traduire un niveau d'anxiété élevé chez les parents et des craintes élevées vis-à-vis du monde extérieur[81], un manque de confiance envers leur enfant, ainsi qu'un besoin de contrôle élevé. Il s'agit du mode de surveillance le plus intrusif. Il est le plus souvent associé à un style parental autoritaire[82], et peut entraver l'enfant dans son autonomisation en lui renvoyant une image d'incapacité de lui-même à faire face aux défis auxquels il pourrait être confronté hors de la maison. Comment l'enfant peut-il avoir confiance en lui lorsque ses propres parents n'ont pas confiance en lui ? La question de la confiance est étroitement liée à celle de l'autonomie. L'une et l'autre se construisent en suivant le développement des compétences de l'enfant puis de l'adolescence et la sur-surveillance parentale à travers les outils numériques pourra être un frein pour cette construction. Les conséquences pourraient aussi être envisagées à plus long terme. Une surveillance numérique de l'enfant, de l'adolescent par les parents, pourrait aussi lui apprendre qu'il est normal d'être surveillé et accepter, plus tard, des pratiques abusives comme par exemple le fait d'être surveillé par le ou la partenaire romantique (ce qui peut être le signe de violences et de contrôle au sein du couple). Ces pratiques peuvent rendre la surveillance par autrui acceptable, alors même que cette dernière nuit aux libertés individuelles.

Bien sûr, le lieu où l'enfant vit et les dangers, menaces, ou perçus comme tels par les parents, peuvent avoir une incidence. Ainsi, un enfant habitant dans une métropole peut être amené à être autonome dans ses déplacements plus précocement qu'un enfant habitant dans une zone rurale éloignée, car il est nécessairement tributaire de ses parents ou d'un autre adulte pour se déplacer du fait du manque de transport disponible. Un passé traumatique de la famille, par exemple une agression, peut aussi amener les parents, en réaction, à recourir aux outils de surveillance numériques. La jeunesse de l'enfant conjuguée au niveau de risque perçu comme plus élevé dans les métropoles peut motiver le recours à la géolocalisation de l'enfant, à des degrés variables. Il est important pour les parents, et les professionnels qui les accompagnent, de réfléchir à la balance entre le contrôle, l'accompagnement parental et la prise d'autonomie de l'enfant, et de faire également en sorte que l'accompagnement parental évolue avec les capacités de l'enfant qui se développent. Les échanges en famille, sans pouvoir tout résoudre, peuvent permettre de trouver un compromis entre parents et enfants en accord avec les perceptions parentales, dans le respect de l'enfant dans son individualité et son niveau de développement.

Contrôle et soutien parental, dépendance et autonomie

Même si les modèles d'attachement sont actifs tout au long de la vie, l'attachement est particulièrement important à l'adolescence du fait des remaniements qu'elle impose dans les relations parents-enfants. À cette période, l'adolescent va chercher à mettre une distance entre lui et ses parents tout en ayant besoin d'eux par moment, créant chez lui des mouvements contradictoires entre autonomie et besoin de proximité[83]. L'opposition entre les tentatives d'autonomie des adolescents et le désir de contact des parents peut générer des tensions. Ces mouvements et conflits sont décrits depuis des décennies. Cependant, cette étape développementale se fait aujourd'hui dans un nouveau contexte puisqu'elle s'accompagne d'un usage des outils numériques par l'adolescent, moins contrôlés (ou contrôlables) par les parents que pendant l'enfance, et personnels à lui (par opposition aux équipements familiaux), à travers l'acquisition du smartphone.

Le fait d'avoir un smartphone, ou même un téléphone portable non connecté, implique que l'adolescent puisse être joignable à chaque instant par les parents, mais aussi que l'adolescent puisse faire appel à ses figures d'attachement à la moindre difficulté ou crainte, pour chercher du réconfort ou requérir une solution rapide pour résoudre un problème qu'il aurait été en mesure de gérer seul, même sans cet outil. Par conséquent, quand l'adolescent n'est pas physiquement proche de ses parents, ces derniers restent psychiquement, symboliquement présents. Il s'agit d'un nouveau paradigme de la séparation à l'adolescence, lié aux outils numériques, qui peut rendre la possibilité de s'autonomiser plus difficile, notamment pour les adolescents ayant un style d'attachement insécure[84].

Le désir de l'adolescent de prendre ses distances avec les figures parentales amène ces dernières à envisager un changement de statut de leur enfant et à admettre qu'il va être en mesure de gérer les situations de la vie courante sans recours à eux. Les outils numériques, le téléphone en particulier, peuvent aider les parents à accepter cette nouvelle étape de développement. Les parents peuvent ainsi accepter la prise de distance de l'enfant à la seule condition que celui-ci soit joignable à tout instant.

Cette injonction parentale peut être temporaire, et constituer une étape dans la prise d'autonomie croissante de l'adolescent. Néanmoins, elle peut aussi être perçue comme intrusive pour certains adolescents si elle perdure trop dans le temps car cela rend les parents « présents » dans l'ensemble de ses espaces de vie, même dans les moments les plus intimes. Du côté de l'enfant, là aussi, dans un premier temps, le fait de pouvoir avoir accès à ses figures d'attachement sur le chemin de sa prise d'autonomie peut s'avérer rassurant. En effet, la prise d'autonomie et de distance vis-à-vis des figures d'attachement renvoie, dans la théorie de l'attachement, à la balance entre l'attachement (besoin de réassurance et de proximité) et l'exploration de l'environnement physique et social. Un enfant, pour pouvoir explorer, doit pouvoir s'appuyer sur une base de sécurité. Si, chez le jeune enfant, cette base de sécurité est représentée, « matérialisée » par la présence physique du parent, elle se manifeste avec l'âge, à travers la confiance que l'enfant nourrit envers ses figures d'attachement, leur disponibilité, leur capacité à être rassurantes, sécurisantes. Au début de l'adolescence, le fait de pouvoir joindre ses parents en cas de besoin grâce à un téléphone peut rassurer l'adolescent. Le téléphone peut alors servir de base de sécurité, symboliser cette base de sécurité qui peut aider l'adolescent à aller vers les mouvements d'exploration typiques de cet âge. Au début de l'adolescence, le recours aux parents grâce au téléphone peut être une étape adaptative aux changements de cette période de la vie. Néanmoins, à mesure qu'il grandit, l'adolescent doit pouvoir progressivement réduire ce recours aux figures d'attachement au quotidien, tout en conservant la possibilité de s'appuyer sur elles dans les moments de détresse ou d'insécurité. Cela repose, pour l'adolescent, sur la résistance à la tentation de trouver du réconfort ou une solution rapide en contactant ses parents, ce qui implique d'avoir confiance en sa capacité à pouvoir gérer les situations seul. Les adolescents qui ont construit des relations d'attachement sécure avec leurs parents pourront éprouver moins de difficultés dans cette étape développementale. Pour les adolescents moins sécures, le téléphone portable, qui pouvait être une aide initiale dans la prise d'autonomie, peut ultérieurement devenir une entrave à l'autonomisation et aux mouvements exploratoires, en maintenant une dépendance aux figures parentales sollicitées à la moindre occasion qui empêche d'apprendre à faire face aux situations problématiques du quotidien.

5

Les outils numériques dans le rapport entre parents, enfants et institutions

Les outils numériques s'invitent aussi dans la relation parent-enfant à travers les institutions, et ce, dès le plus jeune âge. Ainsi, des crèches et assistants maternels proposent aux parents de jeunes enfants de documenter chaque instant de la journée de l'enfant par des photographies postées sur un environnement numérique ou envoyées par un canal numérique, à partir de comptes-rendus ou rapports disponibles en ligne. Outre qu'ils conduisent à une réduction des échanges verbaux avec les professionnels qui s'occupent de l'enfant, ces pratiques, souvent plébiscitées par les parents, interrogent aussi sur le besoin de contrôle voire d'« hypercontrôle » parental. L'on peut songer ici au concept des parents « hélicoptères »[85] qui se caractérisent par des comportements de surprotection et le besoin de contrôler tout ce qui se passe dans la vie de l'enfant. Pour ce type de parents, les outils numériques sont un moyen de rester connectés à leur enfant et à ce qu'il fait en permanence, même en cas de séparation. Dans ces situations, on peut s'interroger sur la capacité de certains parents à concevoir l'idée d'être séparés de leur enfant et sur la façon dont leur enfant pourra apprendre, penser et percevoir l'inévitable séparation d'avec les parents. Un besoin d'hypercontrôle parental peut aussi signifier à l'enfant que le monde extérieur est hostile et qu'il n'est pas en sécurité lorsqu'il n'est pas en présence de ses parents. La possibilité, pour les parents, de suivre chaque instant de la vie de leur enfant pose également la question de l'individualité de l'enfant, et celle de son droit à avoir une existence propre et autonome, comportant nécessairement des expériences qui ne seront pas portées à la connaissance des parents. Cela se vérifie notamment à l'école. Après une journée d'école, lorsque les enfants sont jeunes, il n'est pas rare qu'à la fameuse question des parents « qu'est-ce que tu as fait à l'école aujourd'hui ? », la seule réponse soit « rien ». Mettre des frontières entre ses expériences à l'école et sa vie en dehors est aussi une façon pour l'enfant de se développer dans son individualité et de s'autonomiser vis-à-vis de ses parents. Pourtant, comme pour la crèche, certaines écoles, plutôt en maternelle, font des rapports documentés de la journée des enfants. Ces rapports peuvent être un support d'échanges entre parents et enfants, les premiers pouvant revenir sur une activité réalisée par les seconds pour les inciter à partager ce qu'ils ont vécu et montrer un intérêt. Mais cet accès à l'information par les parents peut aussi conduire à une réduction des échanges, les parents n'ayant pas besoin de demander à l'enfant de partager ses expériences puisque tout, ou presque, serait déjà connu du parent. De plus, cela ne permet pas à l'enfant de choisir de raconter, ou pas, ses expériences à ses parents. Les environnements numériques de travail (ENT) que l'on retrouve parfois au primaire mais plus fréquemment au collège et qui permettent aux parents d'avoir, en temps réels, accès aux résultats scolaires, absences et retards de leur enfant posent aussi cette question du « droit » à la transgression qui fait partie du processus adolescent. Il est difficile, lorsqu'on a eu une mauvaise note, d'attendre de trouver le bon moment pour en parler avec son parent puisque bien souvent le parent a pu avoir accès aux notes, avant même que l'adolescent ait passé le seuil de la porte du domicile. Il y a tout de même une grande disparité dans le recours, par les parents, à ces environnements numériques mis à disposition par l'école. Certains parents ne vont pas du tout les consulter, ou seulement de manière ponctuelle. Ils privilégieront le dialogue avec leur enfant, la possibilité pour leur enfant de venir vers eux pour leur faire part du déroulement de leur scolarité. À l'opposé, d'autres parents, qu'on pourrait rapprocher des parents « hélicoptères », vont consulter ces environnements de façon quasi frénétique et s'installer dans l'hypercontrôle de la scolarité. Entre les deux, ces environnements numériques peuvent aussi, dans certains cas, aider les parents à accompagner un enfant qui pourrait être en difficulté au cours de sa scolarité, ces environnements pouvant jouer le rôle de tiers médiateur. Quel qu'en soit leur usage, professionnels et parents doivent garder un point de vigilance à ce que ces environnements n'en viennent pas à se substituer aux échanges interpersonnels, et aux interactions sociales.

Conclusion

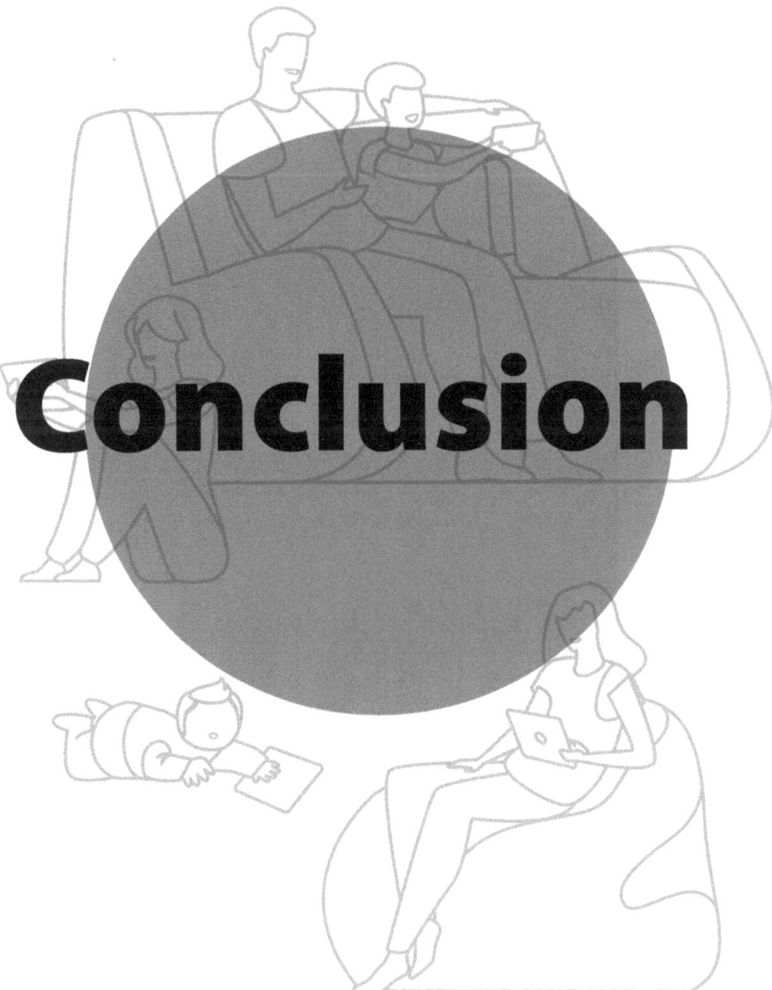

L'ensemble de ces réflexions rappelle, si besoin en était, que les usages numériques ont amené de profonds bouleversements dans notre façon d'être à l'autre, d'être en relation. Ces bouleversements concernent particulièrement les relations parent-enfant, tant au regard des usages parentaux que des usages enfantins et adolescents. Ils contribuent également au développement d'un nouvel aspect de la parentalité : la parentalité numérique. Les parents doivent accompagner leurs enfants dans l'usage de ces outils au potentiel d'activités infini tout en ayant un recours raisonné aux outils numériques par eux-mêmes et en veillant à un recours raisonné par leur enfant. Les réflexions suscitées par les usages numériques amènent à s'interroger sur les liens d'attachement et le développement socio-émotionnel de l'enfant, depuis la naissance jusqu'à l'adolescence, dans ces nouveaux contextes, pour trouver un équilibre entre usages numériques et interactions sans écran. C'est dans cet équilibre que pourrait résider un rapport « heureux » aux outils numériques sans concession dommageables aux liens d'attachement, et au profit du bon développement des enfants et adolescents.

L'autrice

Marie Danet est psychologue clinicienne et maîtresse de conférences HDR en psychologie du développement à l'université de Lille. Ses travaux explorent les représentations d'attachement et les comportements socio-émotionnels chez l'enfant, chez l'adolescent, chez l'adulte et dans les relations au sein de la famille, en lien avec les usages numériques.

Notes bibliographiques

1. Gérard, M., & Bartoli, P.-H. (2023). *Enfants et numérique : Comment les nouveaux parents, "digital natives", se conduisent face aux premiers pas de leurs enfants en ligne ?* [Enquête toluna harris interactive pour e-enfance et avec le soutien de Google]. http://harris-interactive.fr/wp-content/uploads/sites/6/2023/03/Presentation-Toluna-Harris-Les-enfants-les-parents-et-les-enjeux-numeriques-Google-VF.pdf [consulté le 7 novembre 2024].

2. Bernard, J. Y., Poncet, L., Saïd, M., Liu, S., Dufourg, M.-N., Gassama, M., & Charles, M.-A. (2023). Temps d'écran de 2 à 5 ans et demi chez les enfants de la cohorte nationale Elfe. *Bulletin épidémiologique hebdomadaire*, 6, 98-105. https://beh.santepubliquefrance.fr/beh/2023/6/pdf/2023_6_1.pdf [consulté le 7 novembre 2024].

3. Poncet, L., Saïd, M., Gassama, M., Dufourg, M.-N., Müller-Riemenschneider, F., Lioret, S., Dargent- Molina, P., Charles, M.-A., & Bernard, J.Y. (2022). Sociodemographic and behavioural factors of adherence to the no-screen guideline for toddlers among parents from the French nationwide Elfe birth cohort. *International Journal of Behavioral Nutrition and Physical Activity*, *19*(1), 104. https://doi.org/10.1186/s12966-022-01342-9 [consulté le 7 novembre 2024].

4. Commission d'experts sur l'impact de l'exposition des jeunes aux écrans. (2024). *Enfants et écrans. À la recherche du temps perdu*. [Présidence de la République Française]. https://www.elysee.fr/emmanuel-macron/2024/04/30/remise-du-rapport-de-la-commission-dexperts-sur-limpact-de-lexposition-des-jeunes-aux-ecrans [consulté le 7 novembre 2024].

5. Ipsos. (2022). Parents, enfants & numérique. *Observatoire de la Parentalité et de l'Éducation Numérique, UNAF, Google*. https://www.open-asso.org/nos-etudes/etude-open-ipsos-unaf-google/ [consulté le 7 novembre 2024].

6. Équipe de surveillance et d'épidémiologie nutritionnelle (Esen). (2020). *Étude de santé sur l'environnement, la biosurveillance, l'activité physique et la nutrition (Esteban), 2014-2016*. Volet Nutrition. Chapitre Activité physique et sédentarité. 2e édition. http://www.santepubliquefrance.fr/ [consulté le 7 novembre 2024].

7. Cordier, A., & Erhel, S. (2023). *Les enfants et les écrans*. Retz.

8. Smahel, D., Machackova, H., Mascheroni, G., Dedkova, L., Staksrud, E., Ólafsson, K., Livingstone, S., & Hasebrink, U. (2020). *EU Kids Online 2020: Survey results from 19 countries*. EU Kids Online. https://doi.org/10.21953/lse.47fdeqj01ofo [consulté le 7 novembre 2024].

9. Danet, M. (2020). Parental Concerns about their School-aged Children's Use of Digital Devices. *Journal of Child and Family Studies*, *29*(10), 2890-2904. https://doi.org/10.1007/s10826-020-01760-y [consulté le 14 novembre 2024].

10. Commission des 1000 premiers jours. (2020). *Les 1000 premiers jours. Là où tout commence.* Ministère des solidarités et de la santé. https://sante.gouv.fr/IMG/pdf/rapport-1000-premiers-jours.pdf [consulté le 14 novembre 2024].

11. Groh, A. M., Fearon, R. M. P., van IJzendoorn, M. H., Bakermans-Kranenburg, M. J., & Roisman, G. I. (2017). Attachment in the Early Life Course: Meta-Analytic Evidence for Its Role in Socioemotional Development. *Child Development Perspectives, 11*(1), 70-76. https://doi.org/10.1111/cdep.12213 [consulté le 14 novembre 2024].

12. Murray, A. D., & Yingling, J. L. (2000). Competence in Language at 24 Months: Relations with Attachment Security and Home Stimulation. *The Journal of Genetic Psychology, 161*(2), 133-140. https://doi.org/10.1080/00221320009596700 [consulté le 14 novembre 2024].

13. Bowlby, J. (1969). *Attachment and loss, vol 1: Attachment.* Basic Books.

14. Miljkovitch, R. (2001). *L'attachement au cours de la vie.* Presses Universitaires de France.

15. Lachaux, J.-P. (2014). Chapitre 5. L'économie cérébrale de l'attention. Dans Y. Citton (dir.), *L'économie de l'attention* (p. 109-120). La découverte.

16. Arnaudeau, S., Hofer, C., & Danet, M. (2024). La technoférence parentale : Revue de littérature des liens avec la qualité de la parentalité et le développement socioémotionnel du jeune enfant. *Canadian Psychology / Psychologie*

canadienne. https://doi.org/10.1037/cap0000380 [consulté le 14 novembre 2024].

17. Porter, C. L., Coyne, S. M., Chojnacki, N. A., McDaniel, B. T., Reschke, P. J., & Stockdale, L. A. (2024). Toddlers' physiological response to parent's mobile device distraction and technoference. *Developmental Psychobiology*, *66*(2), e22460. https://doi.org/10.1002/dev.22460 [consulté le 14 novembre 2024].
18. Linder, L., McDaniel, B. T., Stockdale, L., & Coyne, S. M. (2021). The impact of parent and child media use on early parent-infant attachment. *Infancy*, infa.12400. https://doi.org/10.1111/infa.12400 [consulté le 14 novembre 2024].
19. McDaniel, B. T., & Radesky, J. S. (2018). Technoference: longitudinal associations between parent technology use, parenting stress, and child behavior problems. *Pediatric Research*, *84*(2), 210-218. https://doi.org/10.1038/s41390-018-0052-6 [consulté le 14 novembre 2024].
20. Suh, B., Kirkorian, H., Barr, R., Kucker, S. C., Torres, C., & Radesky, J. S. (2024). Measuring parents' regulatory media use for themselves and their children. *Frontiers in Developmental Psychology*, *2*, 1377998. https://doi.org/10.3389/fdpys.2024.1377998 [consulté le 14 novembre 2024].
21. Denecker, F., De Marez, L., Ponnet, K., & Abeele, M. V. (2023). Does parental smartphone use predict parents' perceptions of family life? An examination of momentary associations between parental smartphone use, parental experiences of quality time, and parental perceptions of difficult child behavior. *Mobile Media & Communication*, *11*(3), 391-414. https://doi.org/10.1177/20501579221134168 [consulté le 14 novembre 2024].

22. Wolfers, L. N., Wendt, R., Becker, D., & Utz, S. (2023). Do you love your phone more than your child? The consequences of norms and guilt around maternal smartphone use. *Human Communication Research*, *49*(3).

23. Elias, N., & Sulkin, I. (2019). Screen-Assisted Parenting: The Relationship Between Toddlers' Screen Time and Parents' Use of Media as a Parenting Tool. *Journal of Family Issues*, *40*(18), 2801-2822. https://doi.org/10.1177/0192513X19864983 [consulté le 14 novembre 2024].

24. Meyer, M., Zosh, J. M., McLaren, C., Robb, M., McCaffery, H., Golinkoff, R. M., Hirsh-Pasek, K., & Radesky, J. S. (2021). How educational are "educational" apps for young children? App store content analysis using the Four Pillars of Learning framework. *Journal of Children and Media*, 1-23. https://doi.org/10.1080/17482798.2021.1882516 [consulté le 14 novembre 2024].

25. Strouse, G. A., & Ganea, P. A. (2017). A print book preference: Caregivers report higher child enjoyment and more adult–child interactions when reading print than electronic books. *International Journal of Child-Computer Interaction*, *12*, 8-15. https://doi.org/10.1016/j.ijcci.2017.02.001 [consulté le 14 novembre 2024].

26. Munzer, T. G., Miller, A. L., Weeks, H. M., Kaciroti, N., & Radesky, J. S. (2019). Differences in Parent-Toddler Interactions With Electronic Versus Print Books. *Pediatrics*, e20182012. https://doi.org/10.1542/peds.2018-2012 [consulté le 14 novembre 2024].

27. Gunarti, W., Meilanie, R. S. M., & Marjo, H. K. (2023). The Impact of Co-Viewing on Attachment Between

Parents and Children. *JPUD-Jurnal Pendidikan Usia Dini, 17*(1), 31-43. https://doi.org/10.21009/JPUD.171.03 [consulté le 14 novembre 2024].

28. Chou, W.-J., Hsiao, R. C., & Yen, C.-F. (2022). Parental Efficacy in Managing Smartphone Use of Adolescents with Attention-Deficit/Hyperactivity Disorder: Parental and Adolescent Related Factors. *International Journal of Environmental Research and Public Health, 19*(15), 9505. https://doi.org/10.3390/ijerph19159505 [consulté le 14 novembre 2024].

29. https://www.faireparterie.fr/etude-enfants-rapport-digital/#chiffres-cles [consulté le 14 novembre 2024].

30. Aydoğdu, F., Güngör, B. Ş., & Öz, T. A. (2023). Does sharing bring happiness? Understanding the sharenting phenomenon. *Children and Youth Services Review, 154*, 107122. https://doi.org/10.1016/j.childyouth.2023.107122 [consulté le 14 novembre 2024].

31. Sarkadi, A., Dahlberg, A., Fängström, K., & Warner, G. (2020). Children want parents to ask for permission before 'sharenting.' *Journal of Paediatrics and Child Health, 56*(6), 981-983. https://doi.org/10.1111/jpc.14945 [consulté le 14 novembre 2024].

32. Loi n° 2024-120 du 19 février 2024 visant à garantir le respect du droit à l'image des enfants(1), *Journal officiel électronique authentifié n° 0042* du 20/02/2024. https://www.legifrance.gouv.fr/download/pdf?id=wSCtx11Gzpq9uWOcYXc7s1sDFihSq-tW46KWa2ISZzs= [consulté le 14 novembre 2024].

33. Eve Pouliot, N., Turcotte Ph. D., D., Bouchard, C., & Monette, M.-L. (2008). La Compétence Parentale. Une

notion aux visages multiples. Dans C. Parent, S. Drapeau, M. Brousseau, & E. Pouliot, *Visages multiples de la parentalité* (p. 63-87). Presses de l'Université du Québec. https://doi.org/10.1515/9782760520028-005 [consulté le 14 novembre 2024].

34. Mikolajczak, M., Roskam, I., & Holstein, L. (2018). *Le burn-out parental*. De Boeck Supérieur.

35. Black, K. J., Cunningham, C. J. L., Gillespie, D. L., & Wyatt, K. D. (2022). Understudied social influences on work-related and parental burnout: Social media-related emotions, comparisons, and the "do it all discrepancy." *Frontiers in Psychology, 13*, 977782. https://doi.org/10.3389/fpsyg.2022.977782 [consulté le 14 novembre 2024].

36. Danet, M. (2016). Parent à l'ère du numérique. Dans B. Cyrulnik (dir.), *Boris Cyrulnik et la petite enfance* (p. 239-246). Éditions Philippe Duval.

37. Danet, M. (2020). Usage d'Internet en fin de grossesse chez des femmes primipares. Lien avec l'attachement et les troubles anxiodépressifs. *Annales Médico-psychologiques, revue psychiatrique, 178*(10), 970-976. https://doi.org/10.1016/j.amp.2020.07.005 [consulté le 14 novembre 2024].

38. Demirtepe-Saygili, D. (2019). Stress, Coping, and Social Media Use. Dans M. Desjarlais (dir.), *Advances in Psychology, Mental Health, and Behavioral Studies* (p. 241–267). IGI Global. https://doi.org/10.4018/978-1-5225-9412-3.ch010 [consulté le 14 novembre 2024].

39. Parker, J. D. A., & Endler, N. S. (1992). Coping with coping assessment: A critical review. *European Journal of Personality, 6*(5), 321-344. https://doi.org/10.1002/per.2410060502 [consulté le 14 novembre 2024].

40. Jadhakhan, F., Blake, H., Hett, D., & Marwaha, S. (2022). Efficacy of digital technologies aimed at enhancing emotion regulation skills: Literature review. *Frontiers in Psychiatry*, *13*, 809332. https://doi.org/10.3389/fpsyt.2022.809332 [consulté le 14 novembre 2024].

41. Wolfers, L. N. (2021). Parental mobile media use for coping with stress: A focus groups study. *Human Behavior and Emerging Technologies*, *3*(2), 304-315. https://doi.org/10.1002/hbe2.252 [consulté le 14 novembre 2024].

42. Abidin, R. (1983). *The Parenting Stress Index*. Pediatric Psychology Press.

43. Coyne, S. M., Shawcroft, J., Gale, M., Reich, S. M., Linder, L., McDaniel, B., Stockdale, L., & Booth, M. (2022). Digital distraction or accessible aid? Parental media use during feedings and parent-infant attachment, dysfunction, and relationship quality. *Computers in Human Behavior*, *127*, 107051. https://doi.org/10.1016/j.chb.2021.107051 [consulté le 14 novembre 2024].

44. Radesky, J.; Kistin, C.; Eisenberg, S.; Gross, J.; Block, G.; Zuckerman, B.; Silverstein, M. 2016. Parent perspectives on their mobile technology use: The excitement and exhaustion of parenting while connected. *Journal of Developmental and Behavioral Pediatrics*, *37*, 9, 694-701.

45. Johnson, D., & Hertlein, K. (2019). Parents' Perceptions of Smartphone Use and Parenting Practices. *The Qualitative Report*. https://doi.org/10.46743/2160-3715/2019.3932 [consulté le 14 novembre 2024].

46. Hullot-Guiot, K. (2024, Février 18). Train, avion, hôtel, restaurant… Jusqu'où ira l'invisibilisation des enfants dans les espaces publics ? *Libération*. https://www.liberation.fr/lifestyle/enfants-lespace- public-fait-le-mini-mome-20240218_S7ZHOQD7LBFPBF6LJBNF6BM35I/ [consulté le 14 novembre 2024].

47. Coyne, S. M., Shawcroft, J., Gale, M., Gentile, D. A., Etherington, J. T., Holmgren, H., & Stockdale, L. (2021). Tantrums, toddlers and technology: Temperament, media emotion regulation, and problematic media use in early childhood. *Computers in Human Behavior, 120*, 106762. https://doi.org/10.1016/j.chb.2021.106762 [consulté le 14 novembre 2024].

48. Danet, M., Miller, A. L., Weeks, H. M., Kaciroti, N., & Radesky, J. S. (2022). Children aged 3-4 years were more likely to be given mobile devices for calming purposes if they had weaker overall executive functioning. *Acta Paediatrica*, *111*(7), apa.16314. https://doi.org/10.1111/apa.16314 [consulté le 14 novembre 2024].

49. McHarg, G., Ribner, A. D., Devine, R. T., Hughes, C., & The NewFAMS Study Team. (2020). Infant screen exposure links to toddlers' inhibition, but not other EF constructs: A propensity score study. *Infancy*, *25*(2), 205-222. https://doi.org/10.1111/infa.12325 [consulté le 14 novembre 2024].

50. Radesky, J. S., Kaciroti, N., Weeks, H. M., Schaller, A., & Miller, A. L. (2023). Longitudinal Associations Between Use of Mobile Devices for Calming and Emotional Reactivity and Executive Functioning in Children Aged 3 to 5 Years. *JAMA Pediatrics*, *177*(1), 62. https://doi.

org/10.1001/jamapediatrics.2022.4793 [consulté le 14 novembre 2024].

51. Gueron-Sela, N., & Gordon-Hacker, A. (2020). Longitudinal Links Between Media Use and Focused Attention Through Toddlerhood: A Cumulative Risk Approach. *Frontiers in Psychology*, *11*, 569222. https://doi.org/10.3389/fpsyg.2020.569222 [consulté le 14 novembre 2024].

52. Roberts, M. Z., Flagg, A. M., & Lin, B. (2022). Context matters: How smartphone (mis)use may disrupt early emotion regulation development. *New Ideas in Psychology*, *64*, 100919. https://doi.org/10.1016/j.newideapsych.2021.100919 [consulté le 14 novembre 2024].

53. Scott, R. A., Zimmer-Gembeck, M. J., Gardner, A. A., Hawes, T., Modecki, K. L., Duffy, A. L., Farrell, L. J., & Waters, A. M. (2024). Daily use of digital technologies to feel better: Adolescents' digital emotion regulation, emotions, loneliness, and recovery, considering prior emotional problems. *Journal of Adolescence*, *96*(3), 539-550. https://doi.org/10.1002/jad.12259 [consulté le 14 novembre 2024].

54. Ellis, W. E., Dumas, T. M., & Forbes, L. M. (2020). Physically isolated but socially connected: Psychological adjustment and stress among adolescents during the initial Covid-19 crisis. *Canadian Journal of Behavioural Science / Revue Canadienne Des Sciences Du Comportement*, *52*(3), 177-187. https://doi.org/10.1037/cbs0000215 [consulté le 14 novembre 2024].

55. Kekkonen, V., Tolmunen, T., Kraav, S.-L., Hintikka, J., Kivimäki, P., Kaarre, O., & Laukkanen, E. (2020). Adolescents' peer contacts promote life satisfaction in young adulthood. A connection mediated by the subjective experience of not being lonely. *Personality and Individual Differences*, *167*, 110264. https://doi.org/10.1016/j.paid.2020.110264 [consulté le 14 novembre 2024].

56. Clarke, B. H. (2009). Early Adolescents' Use of Social Networking Sites to Maintain Friendship and Explore Identity: Implications for Policy. *Policy & Internet*, *1*(1), 55-89. https://doi.org/10.2202/1944-2866.1018 [consulté le 14 novembre 2024].

57. Danet, M., Miljkovitch, R., & Deborde, A.-S. (2018). Online self-disclosure: Validation study of the French version of the real me on the net questionnaire. *Current Psychology*. https://doi.org/10.1007/s12144-018-0003-8 [consulté le 14 novembre 2024].

58. Danet, M., & Miljkovitch, R. (2017). Monde virtuel : enjeux et risques liés à l'attachement. *Psychologie Française*, *62*(1), 57-83. https://doi.org/10.1016/j.psfr.2015.10.002 [consulté le 14 novembre 2024].

59. Vermeulen, A., Vandebosch, H., & Heirman, W. (2018). #Smiling, #venting, or both? Adolescents' social sharing of emotions on social media. *Computers in Human Behavior*, *84*, 211-219. https://doi.org/10.1016/j.chb.2018.02.022

60. Kumar, A., & Epley, N. (2021). It's surprisingly nice to hear you: Misunderstanding the impact of communication media can lead to suboptimal choices of how to connect with others. *Journal of Experimental Psychology:*

General, 150(3), 595-607. https://doi.org/10.1037/xge0000962 [consulté le 14 novembre 2024].

61. Sampietro, A. (2020). Use and Interpretation of Emoji in Electronic-Mediated Communication: A Survey. *Visual Communication Quarterly, 27*(1), 27-39. https://doi.org/10.1080/15551393.2019.1707086 [consulté le 14 novembre 2024].

62. Metsäranta, K., Kurki, M., Valimaki, M., & Anttila, M. (2019). How Do Adolescents Use Electronic Diaries? A Mixed-Methods Study Among Adolescents With Depressive Symptoms. *Journal of Medical Internet Research, 21*(2), e11711. https://doi.org/10.2196/11711 [consulté le 14 novembre 2024].

63. Uhls, Y. T., Michikyan, M., Morris, J., Garcia, D., Small, G. W., Zgourou, E., & Greenfield, P. M. (2014). Five days at outdoor education camp without screens improves preteen skills with nonverbal emotion cues. *Computers in Human Behavior, 39*, 387-392. https://doi.org/10.1016/j.chb.2014.05.036 [consulté le 14 novembre 2024].

64. Kildare, C. A., & Middlemiss, W. (2017). Impact of parents mobile device use on parent-child interaction: A literature review. *Computers in Human Behavior, 75*, 579-593. https://doi.org/10.1016/j.chb.2017.06.003 [consulté le 14 novembre 2024].

65. Stupica, B. (2016). Rounding the bases with a secure base. *Attachment & Human Development, 18*(4), 373–390. https://doi.org/10.1080/14616734.2016.1170052 [consulté le 14 novembre 2024].

66. Coyne, S. M., Padilla-Walker, L. M., Fraser, A. M., Fellows, K., & Day, R. D. (2014). "Media Time = Family Time":

Positive Media Use in Families With Adolescents. *Journal of Adolescent Research*, *29*(5), 663-688. https://doi.org/10.1177/0743558414538316 [consulté le 14 novembre 2024].

67. Coyne, S. M., Padilla-Walker, L. M., Stockdale, L., & Day, R. D. (2011). Game On... Girls: Associations Between Co-playing Video Games and Adolescent Behavioral and Family Outcomes. *Journal of Adolescent Health*, *49*(2), 160-165. https://doi.org/10.1016/j.jadohealth.2010.11.249 [consulté le 14 novembre 2024].

68. Rasmussen, E. E. (2020). Effects of Media Use on Family Bonding. In J. Bulck (Ed.), *The International Encyclopedia of Media Psychology* (1st ed., p. 1-5). Wiley. https://doi.org/10.1002/9781119011071.iemp0209 [consulté le 14 novembre 2024].

69. Jensen, M., George, M. J., Russell, M. A., Lippold, M. A., & Odgers, C. L. (2021). Daily Parent-Adolescent Digital Exchanges. *Research on Child and Adolescent Psychopathology*, *49*(9), 1125-1138. https://doi.org/10.1007/s10802-020-00765-x [consulté le 14 novembre 2024].

70. Stockdale, L. A., Coyne, S. M., & Padilla-Walker, L. M. (2018). Parent and child technoference and socioemotional behavioral outcomes: A nationally representative study of 10- to 20-year-old adolescents. *Computers in Human Behavior*, *88*, 219-226. https://doi.org/10.1016/j.chb.2018.06.034 [consulté le 14 novembre 2024].

71. Xie, X., & Xie, J. (2020). Parental phubbing accelerates depression in late childhood and adolescence: A two-path model. *Journal of Adolescence*, *78*, 43-52. https://

doi.org/10.1016/j.adolescence.2019.12.004 [consulté le 14 novembre 2024].

72. Liu, K., Chen, W., Wang, H., Geng, J., & Lei, L. (2021). Parental phubbing linking to adolescent life satisfaction: The mediating role of relationship satisfaction and the moderating role of attachment styles. *Child: Care, Health and Development*, *47*(2), 281-289. https://doi.org/10.1111/cch.12839 [consulté le 14 novembre 2024].

73. Steinberg, L., & Silverberg, S. B. (1986). The Vicissitudes of Autonomy in Early Adolescence. *Child Development*, *57*(4), 841. https://doi.org/10.2307/1130361 [consulté le 14 novembre 2024].

74. Vaterlaus, J. M., & Tarabochia, D. (2021). Adolescent Smartphone Acquisition: An Exploratory Qualitative Case Study with Late Adolescents and Their Parents. *Marriage & Family Review*, *57*(2), 143-164. https://doi.org/10.1080/01494929.2020.1791302 [consulté le 14 novembre 2024].

75. Selkie, E. (2019). Smartphone Ownership as a Developmental Milestone. *Journal of Adolescent Health*, *64*(4), 419-420. https://doi.org/10.1016/j.jadohealth.2019.01.018 [consulté le 14 novembre 2024].

76. Iftikhar, Z., ul Haq, Q., Younus, O., Sardar, T., Arif, H., Javed, & Shahid, S. (2021). Designing Parental Monitoring and Control Technology: A Systematic Review. *Human-Computer Interaction – INTERACT 2021*, 676-700. https://doi.org/10.1007/978-3-030-85610-6_39 [consulté le 14 novembre 2024].

77. George, M. J., & Odgers, C. L. (2015). Seven fears and the science of how mobile technologies may be influencing adolescents in the digital age. *Perspectives on*

Psychological Science, *10*(6), 832-851. https://doi.org/10.1177/1745691615596788 [consulté le 14 novembre 2024].

78. Ferron, M., Leonardi, C., Massa, P., Schiavo, G., Murphy, A. L., & Farella, E. (2019). A Walk on the Child Side: Investigating Parents' and Children's Experience and Perspective on Mobile Technology for Outdoor Child Independent Mobility. *Proceedings of the 2019 CHI Conference on Human Factors in Computing Systems*, 1-12. https://doi.org/10.1145/3290605.3300827 [consulté le 14 novembre 2024].

79. Bruna, Y. (2022). Usages et enjeux de la géolocalisation dans le contexte de la surveillance parentale. *Tic & Société*, vol. 15, n° 2-3 | 2e, 127-159. https://doi.org/10.4000/ticetsociete.6532 [consulté le 14 novembre 2024].

80. Mols, A., Pereira Campos, J., & Pridmore, J. (2023). Family Surveillance: Understanding Parental Monitoring, Reciprocal Practices, and Digital Resilience. *Surveillance & Society*, *21*(4), 469-484. https://doi.org/10.24908/ss.v21i4.15645 [consulté le 14 novembre 2024].

81. Foster, S., Villanueva, K., Wood, L., Christian, H., & Giles-Corti, B. (2014). The impact of parents' fear of strangers and perceptions of informal social control on children's independent mobility. *Health & Place*, *26*, 60-68. https://doi.org/10.1016/j.healthplace.2013.11.006 [consulté le 14 novembre 2024].

83. Marciano, A. (2022). Parental surveillance and parenting styles: Toward a model of familial surveillance climates.

Mobile Media & Communication, 10(1), 38-56. https://doi.org/10.1177/20501579211012436 [consulté le 14 novembre 2024].

83. Delgado, E., Serna, C., Martínez, I., & Cruise, E. (2022). Parental Attachment and Peer Relationships in Adolescence: A Systematic Review. *International Journal of Environmental Research and Public Health, 19*(3), 1064. https://doi.org/10.3390/ijerph19031064 [consulté le 14 novembre 2024].

84. Danet, M., Martel, L., & Miljkovitch, R. (2017). Nouvelles technologies : Frein ou soutien de la relation parent-enfant ? *Dialogue, 217*(57-70). https://doi.org/10.3917/dia.217.0057 [consulté le 14 novembre 2024].

85. Padilla-Walker, L. M., & Nelson, L. J. (2012). Black hawk down?: Establishing helicopter parenting as a distinct construct from other forms of parental control during emerging adulthood. *Journal of Adolescence, 35*(5), 1177-1190. https://doi.org/10.1016/j.adolescence.2012.03.007 [consulté le 14 novembre 2024].

Sommaire

Introduction 7

1. L'écran au pied du berceau 15

2. Les écrans comme régulateurs des émotions 37

3. Écrans et communication parent-enfant 57

4. Écrans et autonomisation 75

5. Les outils numériques dans le rapport entre parents, enfants et institutions 89

Conclusion 95

L'autrice 99

Notes bibliographiques 101

Achevé d'imprimer par
Isiprint
139 rue Rateau
93120 La Courneuve
Février 2025